JN021972

プロの選手だけに教えてきた

バッティング ドリル 100

内田順三
Uchida Junzo

KADOKAWA

はじめに

バッティングには、これをやれば打てるというような、便利なものはない。あれば、選手も指導者も苦労しない。

しかも、選手には個性がある。それを生かし、伸ばすことが大事で、誰もが同じことをやればいいわけではない。さらに、野球には合理性もある。相手がいる中で力を発揮するには、ある程度の利点は使った方がいい。その個性と合理性の間で、選手が考え、行動する指針をつくるのが指導者なのだと、私は思っている。

本書は、私が37年間、プロ野球の指導者としてやってきた数多のドリルから、その一部を抜粋し、まとめたもの。スイングのスピード、正確性、再現性をそなえたものが、その選手にとっての正しいスイングであり、それを身につけるための指針だと思ってほしい。考え、行動し、継続することで、それは形になり、試合に生きるスイングとなる。そうして、選手はひとつ上へと駆け上がる。強い根が幹を支え、枝を張り、花を咲かせる日があるかもしれない。それこそが、指導者にとっての宝なのだろう。

内田順三

内田順三が振り返る
強打者たちの

本書はプロ野球指導者としての37年で
私が選手たちと一緒にやってきたドリルを集めたものだ。
ここでは、思い出深い選手たちを振り返りながら、
彼らがやってきた練習方法について、解説しておこう。
今、野球と向き合う人にも、役に立つものがあるだろう。

実践ドリル

著者が携わった選手らから贈られたバット。左から、栗原健太、阿部慎之助（2000安打達成記念）、新井貴浩、清原和博（500号達成）、嶋重宣、落合博満、松井秀喜（年間50号達成）、高橋由伸、新井貴浩、石原慶幸、清水隆行、前田智徳、野村謙二郎（1999安打目）、村田修一、阿部慎之助（400号達成記念）、新井貴浩（2000安打達成記念）、高橋由伸、野村謙二郎（2000安打達成記念）、阿部慎之助、元木大介、バリー・ボンズ（日米野球）

SEIYA SUZUKI 鈴木誠也

素質十分でやってきた高卒ルーキー。だからこそ、克服すべき壁があった

2016年に「神ってる」と形容され、カープのレギュラーに定着した鈴木誠也。今では全日本で4番を打つほどの打者に成長した。だが、高卒で素質十分と評価され入団してきた彼にも、アマの強打者らしい弱点があった。バットが外から回ってくるアウトサイドインの軌道になりがちだったのだ。アマではそれで打てても、プロでは結果が出ない。インサイドアウトの軌道を身につけさせるためのドリル（→P142ほか）を徹底し、大きく成長してくれた。彼には負けん気の強さという美点があり、それが苦しい練習を下支えしたのだと思う。

1000日で4番に！ 自覚を与え、課題を乗り越え、真の主砲に

ジャイアンツの中軸となることを期待され、入団してきたのが岡本和真。長嶋茂雄さんが、松井秀喜を「1000日で4番に」と育成されたように、私も岡本は同様に育てるべきだと思った。二軍監督を任されたときには、打てなくても彼を4番で起用し、その自覚を与えようとした。技術的には、強打者であるがゆえに、反動を使ってさらに飛ばそうとするクセがあった。ベルトをゴムで引っぱってスイングさせる（→P168）など、ムダに動かなくても飛ぶことを認識させることで、真の主砲へと覚醒してくれた。

KAZUMA OKAMOTO 岡本和真

球界を代表する打者となったふたり、

でも、それぞれに課題はあった。

1982年に広島カープで選手生活を終えた著者は、同年からコーチとして指導者の道を歩んだ。以後、2019年に勇退するまで、一度もユニフォームを脱ぐことなく、選手の成長を見つめてきた。当然、携わった選手の数も多い

坂本勇人
HAYATO SAKAMOTO

すでにチームの中心だった。それでも、課題に立ち向かった

坂本勇人はショートの守備と強打で、長くチームを引っぱっているジャイアンツの中心選手。コーチがどうこういじる相手ではなかった。ただし、内のボールを引っぱることがうまいため、逆に外のボールが強く打てない傾向はあった。すると、そこを克服したいと彼は言う。私は前の足のつま先が早く上がってしまうことが、その理由だと感じていたので、つま先で立って行うティーバッティング（→P116）を提案した。一緒になって汗を流す日々が続き、彼は外にも強くなっていく。成長を止めないのが、坂本のよさだ。

猛烈な練習量をこなし、プロのスイングを身につけた

江藤 智
AKIRA ETO

江藤 智は飛ばす才能の塊だった。高卒２年目の一軍で80打席程度、ヒットは17本しか打てなかった。でも、その中の５本が本塁打だった。そんな選手はプロで通用してもらわないと困る。私は江藤につきっきりになる。彼は飛ばし屋らしく引っぱり傾向が強く、打球によくないドライブもかかる。だから、インサイドアウトのドリル（→P140）を中心に、猛烈な量のメニューを与えた。彼の最大の美点は、それだけの量をこなせるタフネスだったと後になって思う。まあ、「厳しかった」といまだに彼に言われてしまうのだが……。

新井貴浩

TAKAHIRO ARAI

ムラの多い引っぱり屋が、努力を重ね、2000本打者に

　新井貴浩は飛ばす才能に恵まれていた。だが、大学通算2本塁打でカープにやってきた。才能が生かせていないのだ。努力して結果を残し、4番になったが、今度はその重圧でおかしくなる。私は元来の引っぱり屋が、飛ばすことを意識しすぎたことが原因だと思った。とにかく打球が左へ飛ぶ。だから、そこを徹底的に変えさせた（→P123）。不器用な男であったが、彼には努力の才能があった。必死になって振り続けることで、彼は右方向にも打てるようになる。その積み重ねが彼を2000本打者へと導いた。立派なものだと思う。

写真：日刊スポーツ

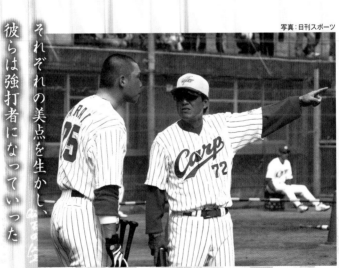

それぞれの美点を生かし、彼らは強打者になっていった

新井貴浩ほど苦労をした名球会打者はいない。ただ、努力だけの男だった

落合博満

すでにオチは大打者だった。
そして、その練習法に納得させられた

　落合博満がジャイアンツにやってきたのは、選手としての晩年に近い。すでに3度の三冠王を含め、数々の打撃タイトルを獲得してきた大打者だった。私は彼の最大の特徴は上体のやわらかさにあると思っていたが、キャンプでその練習方法を見て納得する。彼は何時間もかけ、マシンから放たれる緩いボールをひたすら打っていたのだ（→P172）。自分の身体に向かってくるボールを、歴代トップといえるやわらかいバットコントロールで打ち返す姿に、オチが大打者である理由を見た気がした。

写真：日刊スポーツ

落合博満の高度なバットコントロールは、
たゆまぬ練習の結果なのだと知った

落合や前田のような天才的打者も、正田のようにつくった打者もいる

ゼロから身につけた左打席。
それでも、彼は首位打者となった

正田耕三は足で出てきた選手だった。だが、プロ投手の速球についていけない。足だけの選手になりそうだったが、正田はそれを拒んだ。だから私は、彼にスイッチヒッターになることを提案した。速いボールに最速でバットを出すことを身につけさせるため、それからは異様な数のスピードボールを、慣れない左打席で彼は打つことになる（→P56）。そして、思い出すのも嫌になるほどの練習を重ね、彼はスイッチヒッターになった。ゼロからつくった打者なのだ。でも、そんな選手が首位打者になる。野球はおもしろいものだ。

黙々とティーバッティングを
繰り返し、理想を追求していた

天才的な打者といえば、前田智徳もまたそうだった。高卒でカープに入った彼だが、確固たる打撃理論を持ち、ひとり異質の打球音を響かせていた。それぞれのボールに対し、あるべき形で打つことを理想としたため、本塁打を打っても機嫌が悪かったという逸話が有名だ。だから、練習にもこだわりが強かった。ルーティンで各種のティーバッティングを黙々とこなし、理想のフォームを追求した。また、落合博満と同じように、よくカーブマシンで緩いボールを打っていた（→P172）のも思い出す。天才に共通する部分なのだろう。

背筋を伸ばして、あごをグッと引く。
長嶋さんの指導が、あのルーティンに

　松井秀喜を育成したのは長嶋茂雄さんだ。「4番1000日計画」と題し、マンツーマンで指導されていた。選手寮に住み込んでいた私は、松井からその指導についてよく聞かされたものだ。印象的だったのは、長嶋さんが「投手から自分の方へ仮想ラインをつくれ」（→P54）と教えたことと、「ダメなときに背筋が丸くなる悪癖がある」と指摘したこと。松井には打席に立つとき、背筋を伸ばして、あごをグッと引くルーティンがあったが、あれは、その教えを実践していたわけだ。やはり、松井を育てたのは長嶋さんなのだ。

天才的ではあったが、
真実は練習を続けた努力家

　高橋由伸は六大学野球のスターとしてジャイアンツにやってきた。でも、最初のキャンプで「飛距離では松井さん、清原さんにかなわない」と言い、確実性で生きていこうと決め、そのままの成績を重ねた。天才的なバットコントロールが彼の持ち味だったが、理由を聞くと、子どものころ、父に言われて長い竹のバットを振っていた（→P126）という。すばらしい練習法だったが、続けなければ、身につかない。そこに思いが至ったとき、彼は天才ではなく、努力家なのだと理解した。誰よりも練習を続けた男が彼だったのだ。

阿部慎之助

SHINNOSUKE ABE

資質はあったが、花開かせたのは、その研究熱心な姿勢だった

　阿部慎之助も大学野球のスター選手だった。上体がやわらかく、すばらしい打者になれる資質があった。だが、それを花開かせたのは、彼の研究熱心な姿勢だと思っている。下半身にブレーキをかけることで、上体の振り抜きを鋭くするツイスト打法（→P70）も、ボールにアジャストする感覚を養うためのソフトボール打ち（→P154）も、教えたのは私だが、熱心に実践したのは彼だった。どんな練習でも、続けることで身につき、意味が出てくる。阿部の成長を思い返すと、それが真実であると理解できるのだ。

自身で努力を続けたからこそ、彼らはレジェンドとなった

松井秀喜が年間50号を達成したバット（中央）。その左は高橋由伸、右は清原和博の通算500号達成のもの

プロの選手だけに教えてきた
バッティングドリル100
C O N T E N T S

内田順三が振り返る
強打者たちの実践ドリル
鈴木誠也／岡本和真／坂本勇人／江藤 智／新井貴浩／落合博満／
前田智徳／正田耕三／松井秀喜／高橋由伸／阿部慎之助

お願い　本書で紹介するドリルは、著者がプロ野球指導者として実践してきたものを中心に掲載しています。選手の年齢、技術、リーグの使用球などを考慮し、自己責任のもと可否をご判断し、ご利用ください。特に安全面については、くれぐれもご注意のほど、お願いいたします。

STAFF
編集・構成 ▶ 新宮 聡 (企画室ノーチラス)
カバーデザイン ▶ 喜來詩識 (エントツ)
ブックデザイン ▶ 田中宏幸 (田中図案室)
撮影 ▶ 高橋賢勇
イラスト ▶ BIKKE
校正 ▶ 鷗来堂
編集担当 ▶ 大澤政紀 (KADOKAWA)

1章

バッティングとの向き合い方

DRILL

1

自分に合ったスイングが一番

狙い

成長するための指針を探す

●安易な答えはない

本書のテーマは野球のバッティングだ。これはとても個性的なジャンルと言える。これをやれば打てる、という理論やドリルがあるわけではなく、選手それぞれに合ったものを探さねばならない世界だ。**自分に合ったスイングが一番なのだ**。でも、レジェンドとされるような人でも10回に7回は失敗を続けるのも事実。

では、どうしようか?

私は考えることだと思う。選手ならば、自分の個性を考える。コーチならば、選手のことを考える。**あそこがダメだ、ここがダメだと否定し、安易な答えに飛びついても、成長はない。個性も消える。**

一緒になって、考え、指針を見つける。そして、それを行動に移す。処方箋になり得るドリルに取り組み、できるまでやってみる。それが選手の成長につながる。バッティングとはそんなものだと思っている。

バッティングに安易な答えはない。選手もコーチも考える。そして、行動する

長所と短所の関係

狙い

自分で行動できる選手をめざす

●個性は長所も短所も生む

個性は長所だ。遠くに飛ばせる、足がある、ミートがうまい、などなど、どれもバッティングでは価値ある資質となる。

でも、**個性は短所でもある**。遠くに飛ばせるから、さらに飛ばそうと引っぱり方向ばかり意識する。足があるから、早く駆けだそうとしすぎて、最後まで振れない。ミートがうまいから、当てることに意識がいきすぎる。どれも、バッティングを崩す要因になる。

だから、**優れた選手は自分のドリルを持っている**。引っぱり方向を向いてしまわないように、逆方向へ打つドリル。最後まで振りきるドリル、強く押し込むドリル、いろいろある。矯正するドリルだけではない。長所をさらに伸ばすドリルもあれば、弱点を克服するものもある。いろいろ考え、そして、自分で行動している。

選手ならば、そんな選手をめざしてほしい。コーチならば、選手がそうなるように導いてほしい。

自分の長所と短所を理解し、それに合わせて行動できる選手は成長する。考え、行動すること

3

個性と合理性の関係

狙い

合理性の必要を理解する

●好き勝手できるわけではない

バッティングは個性だ。でも、個性だと考え好き勝手できるかといえば、そうでもない。たとえば、飛ばす力に優れた打者がいる。とにかく飛ばしたい。だから、身体の反動を使ってムチャクチャにテイクバックし、思いきり振り回す。そりゃあ、当たれば飛ぶだろう。でも、当たらない。野球はそうじゃない。

バッティングはピッチャーがあってのプレーだ。しかも、相手が先に投げる。その中で発揮する技術なのだ。

そこで合理性が必要になる。タイミングがとれる範囲でテイクバックし、ミートできる範囲で始動し、バットコントロールできる範囲の力で振るしかない。試合で発揮できなければ、そもそも、個性があったのか、なかったのかさえ、わからない。だから、常に合理性を勘案する。それがバッティングの考え方なのだ。

相手との関係の中で力を発揮するのがバッティング。
個性はあっていいが自由ではない

DRILL 4

方法は無限大

狙い

練習に意味を持たせることを知る

●山本浩二さんに教わった方法

現役時代、私はフリーバッティングでは、来た球をただ打っているだけだった。だが、キャンプ中に山本浩二さんに聞いてみると、驚く答えが返ってきた。フリーバッティングは各10分なのだが、浩二さんは、最初は逆方向へ、次はセンター中心に、次は広角にと意識づけして打ち、最後に全球本塁打を狙うのだと言った。

報道は「柵越え○本！」などと騒いでいたが、そんなものを狙っている時間の方が少なかったわけだ。

それから、私のフリーバッティングは変わった。ほかの練習も変わった。意識をどこに持つかで、同じことをやっても、全く意味の異なる練習となった。組み合わせることで、**無限に方法はあるのだと知った。**

同じティーバッティングでも、方向や距離、道具などを変えることで習熟できることは変わる。それを理解するのも、上達の秘訣だ。

何のためにその練習をしているか？これを明確にすることで、効果は大きく変わってくる

DRILL
5

スイングの各部
構え〜割れ

狙い

スイング前半の概略を理解する

●「間」を設け「割れ」をつくる

ここではスイングの各部を概略的に解説しながら、そのおおまかなメカニズムをつかんでみよう。

まず、構えは動く前の状態なので、コントロールしやすい部分でもある。足の位置、スタンスなど、それぞれの形を確認すること。**特にグリップの位置は思っている以上に不確定だ。目で見て確認だ。**相手ピッチャーから自分のバッティングゾーンまで、ボールの軌道

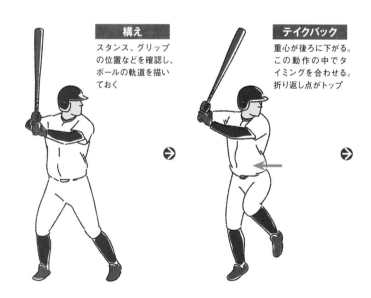

構え
スタンス、グリップの位置などを確認し、ボールの軌道を描いておく

テイクバック
重心が後ろに下がる。この動作の中でタイミングを合わせる。折り返し点がトップ

を頭の中に描いておくことも必要。

　スイングの予備動作となるのがテイクバック。ピッチャーのモーションに合わせてタイミングをとり、後ろに重心を移動していく。腰をひねる、足を上げるなど、個性が出る部分でもあるが、**大きく動くと、頭が動き、視点がズレるなどの弊害がある**。テイクバックが終わったところが折り返し点であるトップの状態。この動きから、次のステップに移るまでに、**時間的な「間」を設けることで、ボールに合わせていく**。

　そして、前の足がステップし、下半身が始動する。ただし、**重心は後ろに残したままにし、上体が後ろ、下半身が前にいく「割れ」の状態をつくる**。次の段階では、後ろに残った重心を前足側のカベにぶつけることで強いスイングを生む。このため、割れは重要なテクニックになるのだ。

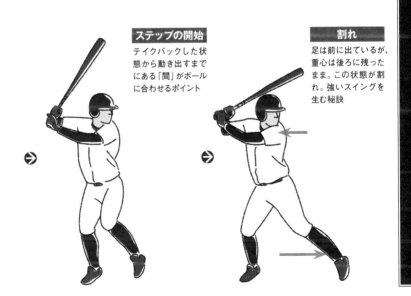

ステップの開始
テイクバックした状態から動き出すまでにある「間」がボールに合わせるポイント

割れ
足は前に出ているが、重心は後ろに残ったまま。この状態が割れ。強いスイングを生む秘訣

DRILL
6

（狙い）

スイングの各部
振り出し〜フォロースルー

スイング後半の概略を理解する

●最後にヘッドが出てくる

　身体が前後に割れた状態ができると、**スイングするときに前足側にカベをつくり、そこに後ろに残した重心を移動し、ぶつけることで、その力を回転に変える**。これがバッティングのメカニズムであり、強いスイングを生む秘訣だ。

　このため、スイングを始動すると、ステップした前の足、前側の腰、前の肩で強く踏ん張ることが必要。上体は少し前に出るが、そ

振り出し

前足側のカベに向けて、身体が前進しぶつかる。同時にグリップが斜め下に動くダウンブローの形になる

インパクト

後ろに残っていたバットヘッドが一気に前に出てボールをとらえる。カベが強いと振り抜きも強い

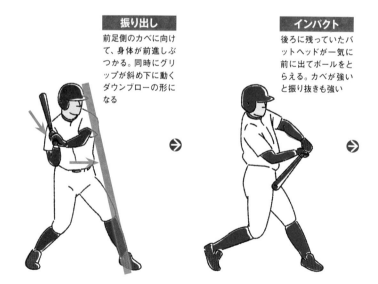

れをカベが受け止める形がいい。

　グリップはトップの形から斜め下に動く形で始動し、その時点でヘソの前あたりへ行く。後ろ足の蹴りによって腰が回転し、それに乗って上体も回る。そして、**最後に後ろに残っていたバットヘッドが、一気に前に出てきて、インパクトでボールをとらえる。**

　後ろ足の蹴り、前足側のカベが作用し、腰、上体の回転運動を生み、その回転の中、後ろに残したバットヘッドが最後に弾かれるように出てくる。そんなイメージをするといいだろう。

　強く振れるとヘッドは一気に前に出てくる。そして、最後まで振りきる意識があると、さらに進み、自分の背中を叩くくらいのところまで進む。いいフォロースルーがでているときは、やはり、強く振れているのだ。

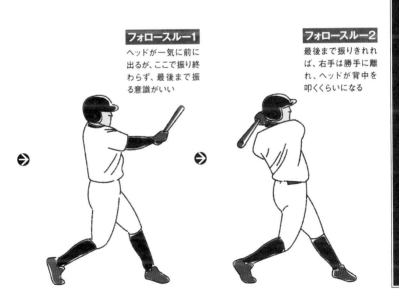

フォロースルー1
ヘッドが一気に前に出るが、ここで振り終わらず、最後まで振る意識がいい

フォロースルー2
最後まで振りきれれば、右手は勝手に離れ、ヘッドが背中を叩くくらいになる

逆方向へ飛ばせた清原和博

　清原和博には特筆すべき特性があった。それは逆方向へ遠く飛ばす能力だ。私は歴代でもトップだと思っている。

　これをバッティングの理論で解説してみると、まず、彼は軸足である右の蹴り方がとてもうまかった。しかも、力強い。だから、遠い外角のボールをとらえても、その蹴りの力で飛ばせたのだ。だが、蹴りはいいのだが、回らなかった。別に彼が悪いのでも何でもない。彼の身体が持つ個性なのだ。

　すると、答えが出る。軸足で蹴れるから、逆方向に飛ばせるが、回らないから、引っぱるとよくない。そうなるのだ。でも、彼はジャイアンツに来てから、ムキになって飛ばそうと、引っぱり方向ばかり意識していた。

　だから私は、セカンドの守備位置あたりに立って叫んだものだ。

　「キヨッ、俺のところに打ってこい！」

　その方向こそが、彼が輝く方向だったからだ。

2章

スイングを「考える」ドリル

考えて、行動すること

狙い

バッティング向上のプロセスを知る

● 「知る」ことから、「できる」まで

バッティングには、「これをやれば打てる」というような便利な方法はない。そんなものがあれば、選手もコーチも苦労しない。

だから、誰かによかったドリルでも、別の選手には向かないものもある。そのドリルが、どこをどう変えるためのドリルなのかを知り、考えなければ、いい結果にはつながらない。

だから、**選手は「知る」ことからはじめなければならない**。当然、コーチならば「知らせる」ことが仕事だ。**次は選手なら「わかる」ところに到達すること**、コーチは「わからせる」努力が大事だ。

そして、ようやく選手は「やる」ことになる。コーチはそれを「やらせる」必要がある。そして、何度も反復することで、選手は「できる」ようになる。コーチは「できたな！」と声をかけて、ひとつの仕事が終わる。この繰り返しの中で、選手は成長していく。

そこで、この2章ではバッティングの理論的な部分を解説しておこう。座学も立派なドリルだ。困難の中で「考える」選手は成長の資質がある。そして、考えたことを実際に「行動する」ことで、成長は起こる。バッティングを考える理解を深めた上で、実践編である3章へ進んでみてほしい。

DRILL 8 バットを選ぶ

狙い

なぜ、人によってバットが異なるかを考える

●スピーディーに振れるものを

バット選びには打者のタイプが大きく影響する。タイプについては、本章後半（→P80以降）で解説するが、カテゴリーが上がっていくごとに、それはシビアになる。プロならば、タイプ次第でチームに必要とされるか否かさえ左右する。

長打を期待される打者と短打を重ねるタイプでは使うバットは異なるし、身につけた技術でも違いが出る。

遠心力が使える選手ならば、重心が先端寄りのトップバランスがいいとされるし、そうでなければ、重心は手前寄りで振り抜きやすい方がいい。

グリップの太さや形状も指の長さや手のひらの大きさで、しっくりくる形状は変わるだろう。

ただし、根本的にバットコントロールが困難では打てるものも打てない。**重すぎるものよりも軽い方がバランスをとりやすいのは当然だ。**スピーディーに振れる、ということが大事なのだろう。

プロの強打者らのバットもそれぞれに異なる

DRILL
9

バットの握り方 ①

狙い

利点と注意点を知っておく

●上の小指と下の人差し指の関節を合わせる

　バットを握る手はバッティングにおいては、とても重要。一般的には**右打者なら右手小指の第二関節と左手人差し指の第二関節を合わせるのがいい**とされる。これだと、指側で握りすぎて違和感があれば、手のひら側で深く握ってもいい。ただし、深い握りはヒジが張り腕の外側（親指側）の筋肉が働きやすい。アウトサイドスイングになりがちなので、気をつけること。逆に指で握る選手は、内になる小指側の筋肉が使え、小さなスイングができる。慣れるまで大変だが、利点はある。

　また、**力加減はバットを上から叩かれたら抜けてしまう程度でいい**。力を込めるのは後。最初はゼロに近いくらいでいい。

上の小指と下の人差し指の第二関節を
合わせる基礎的な握り方

深く手のひら側で握る。アウトサイド
スイングに注意すること

DRILL 10 バットの握り方 ②

狙い 変則には理由があることを知る

●マネする必要はない

バットの握り方には、少し特殊な例もある。たとえば、岡本和真は、上になる右手の小指を下の左手にかける。彼の場合は、左右の手のバランスにおいて、右手の力が強くなりすぎることがあり、それを矯正する意味でやっているようだ。

また、松田宣浩がそうだが、構えるときにあえて両手の間にすき間をつくる選手もいる。彼は前で打つタイプなので押し込む意識を持つ意味があるのだと思う。ただし、変則であることは確か。どちらにしても、理由があってやっているわけで、**ほかの打者がそれを理解することなく、マネする必要はない**。お手本になる部分と、その人特有の部分を一緒にしないように。

上の手の小指をかける特殊な例

グリップの間にすき間をつくる例

DRILL

11

打席に入る前の準備

狙い

試合での入り方を探す

●ルーティンは人それぞれ

私の場合、現役時代は代打で期待される選手だった。試合で打てるチャンスは1回、いや、1球ともいえる。だから、**練習でも初球の1球を必ず打つようにした**。積極性を準備していたのだ。試合でもルーティンを決めており、ゲームが流れると、先にベンチ裏でたくさんスイングしておき、それから、出番が来るのを待った。実際に出たときには、すでにしっかり振っていたので、ネクストバッタースサークルでは、あまり振らず、股割りなどが主だった。もちろん、**ルーティンは人それぞれ。自分に合ったものを探してほしい**。

心がけてほしいのは、練習ではバットヘッドを最後に出すつもりで、自分のスイングをつくること。だが、試合は違う。**試合では、いかに早くバットヘッドを出すかを考える**。それが集中力と結果を生む。

打席に入るまでの準備。試合と練習
では、心構えを変えることも大事

DRILL
12

打席での位置にも
意味がある

狙い

プロとアマにおける試合の違いを知る

●長い目で見ての利点

　プロ野球は試合数の多いリーグ戦だ。そこでプレーする選手たち
も、１年間の成績で収入が増減する個人事業主。結論として、長い
目で見て好成績があげられる方法論をとる。打席に立つ位置も、**ボ
ールを長く見ることができ、球速も落ちたところで打てるので、必
然的に捕手寄りの後ろになる**。利点が多いのだ。

　だが、アマチュア野球の場合は、一戦必勝のトーナメント戦が多
い。その１試合に勝つために、極端なこともやる。**変化球を曲がり
きる前に当ててやろうと、打席の投手寄りに立つチーム戦術もある**
のだ。プロとアマチュアにおける試合の意味合いの差、それが生む
違いも理解してほしい。

ボールを長く見られるなど利点が多いので、
通常は捕手寄りに立つのが打者

アマ野球の試合では、チーム戦術で投手寄
りに立つこともある

DRILL

13

スタンスの理解

狙い

利点と欠点を理解し、自分に合うものを探す

●丹田を意識し安定させる

　ここでは、後ろの軸足とステップする前足によるスタンスについて考えておこう。

　まず、前後の幅だが、**多くの打者は肩幅より少し広いくらいだろう**。それよりも広い場合は、下半身の力を使っている感覚は出るが、その分、腰の回転がしにくくなるので限度を考えること。狭い場合は、この時点では問題ない。ただし、大きくステップすると、頭がかなり上下し、ボールを見る妨げになることは知っておきたい。

　次に軸足と前足の位置関係がある。軸足と前足がバッターボックスの長辺と並行になるスクエアスタンスが一般的だ。これに対し、**前足をホームベース側に出したのがクローズドスタンス。前足側の**

前後に広めのスタンス。あまり広いと腰が回りにくい

狭いスタンス。大きくステップすると、頭が上下することに注意

カベを崩さない効果がある。ただし、すでに踏み込んだ形になっているので、インコースが苦しくなる弱点がある。

●ボールが見やすいオープンスタンス

逆に前足を後ろに引いた形になるのが、オープンスタンス。インコースが見やすく、これに対処しやすい利点がある。ただし、打つときは前に踏み込むようにする必要がある。それだけでは、弱点にならないが、その動きが始動の遅れなど、何かの弊害を生む可能性はある。

重心は軸足と前足に均等な5対5がいいが、軸足側に偏ってもいい。6対4、もしくは7対3くらいでも問題ない。ただし、ここでの安定感は重要で、ヘソの下、丹田あたりを意識し、これを安定させられる構えであること。

一般的なスクエアスタンス

前足を踏み込んだ形のクローズドスタンス。カベをつくりやすい

前足を下げたオープンスタンス。内角球に対処しやすい

DRILL
14

頭と目の大切さ

狙い

ボールが見えなくならないよう意識する

●頭は静止しておくべき

　後に詳しく説明するが、打者は自分で思っているほどに、ボールが見えていない。これが打撃結果に大きく影響する。そこで、構えるときは、いかに安定してボールが見られるかに注意する。

　当然のことだが、**頭が動くと目も動く。すると、ボールをしっかり見られない。頭は静止しておくべきなのだ**。さらに、ステップしたときに頭が前に動いたり、上下したりするのも、ボールを見ることを妨げる。

　構えているときに前の肩に乗っているアゴが、スイングが終わると後ろ肩に乗る。それくらいの意識でいると、頭が大きく動くことも減る。打ち終わってから、ようやくアゴを上げるように。

スイングすると、後ろの肩が前に出て、そこにアゴが乗る。
この後に、ようやく打球を見ながら頭が動くくらいでいい

DRILL 15

頭も準備しておく

狙い 先に考えておくことも準備と知る

●状況、狙い球、自分の弱点

　試合での打撃は、状況によって要求されることも変わる。出塁が重要なのか、走者を進めることなのか、つなげるのか、返すのか、など、**何が必要かをまず整理すること**。

　次に、**狙い球を決めておく**。できるだけ確率の高いものを探し、もし、相手のクセなどがわかっていれば、それも頭の中で認識と意識をしておく。

　状況が重要であればあるほど、人間は力み、焦る。そういうときにスイングは崩れやすい。身体が早く開く、アッパースイングになる、前に突っ込むなど、**自分の修正ポイントを認識し、意識してそれをカバーするように**。

状況
狙い球
自分の弱点

焦りや力みが打撃を崩す。先に考えて準備し、それを軽減する

DRILL
16

打席での立ち方

狙い

個性と合理性の相反関係を考える

●グリップの位置にも注意

打席での立ち方、構え方にはその打者の個性が出る。

まず、打席での位置を確認する。真ん中だけでなく、アウトコース、インコースもさばけるかを考える。ベースの外にバットヘッドを合わせ確認するのはいいことだが、**身体が起きると頭の位置も変わることを理解しておくこと。**

特にヒザが立った状態で手と上体だけで外に合わせていると、身体を起こしたときに大きく景色が変わる。外に届かない位置になりがちなので、やるならば、打つときの形を意識すべき。

外側にヘッドが届くよう確認しているが、
ヒザが立っている

構えると、大きく頭が動く。
外に届かない可能性も

グリップの位置はストライクゾーンの上あたりが合理的だが、もちろん、その上であっても、下であっても構わない。打ちにいくときに、あるべき位置に来ればいいのだ。

ただし、感覚だけに頼ると、グリップの位置は思っている以上にズレる。きちんと目で確認してから、投手を見て構える。

脇を開いて構える打者もいていいが、本来、人間の身体は脇を締めて力を出せる構造になっている。重い物を両手で持ちあげるときに脇を開く人はいない。ならば、締めておくのが合理的ということになる。ただし、脱力感が重要なので、手で力んでガチガチになるのはよくない。リラックスしろというのは、その意味だ。

ヘソの下、丹田が安定するように立ち、少し身体をひねり、軸足側の股関節に力を蓄えるイメージをする。ただし、軸足のヒザを大きく曲げると、軸足の力が使いにくくなるので要注意だ。

構えには個性があっていいが、それもバットコントロールができてのこと。合理性は常に意識してほしい。

構えるときに近い形で外を確認

頭の動きも小さいので、
実際に外に届く形になる

DRILL

17

タイミングとは何か？

狙い

タイミングの意味と重要性を知る

●動いて合わせる

さて、タイミングだ。バッティングにおいて、一番重要だと言ってもいいテーマだ。

人間は時間的、空間的なものに同調しようというときに、自分の側も何か動くことで合わせることが多い。「せーの！」と金づちを上げてから振り下ろしたり、「イチ、ニ、サン！」と他人と時間を合わせたりする。その動きの中で、リズムを合わせ対象との時間や空間のズレを修正し、瞬間的な合致を得ようとする。

グリップを下げるヒッチという動きをしてから振るメニュー。ヒッチは本来しなくていい動きだが、あえて動くことでタイミングをとることを練習できる

バッティングも投じられたボールに、時間的にも空間的にも合わせるもの。だから、打者側も足を上げたり、腰をひねったり、手やバットを動かしたりして、そのリズムの中で合わせる。

●でも、動かない方がいい

しかし、真実を言えば、余計な動きはしない方がいい。動かなければ動かないほど、頭が動いて視線がブレるなどの弊害がなくなる。これがバッティングを禅問答のようにしている。

だから、バッティングの指導では、動きすぎて打てない打者には、それを小さくするように勧め、タイミングを見失っている打者には、どこかを動かすことで、間合いをつくる感覚を取り戻させる。前者と後者には、全く逆の指導をするわけだ。

ただし、ピッチャーは基本的に速いボールを投げようとする。速さとは時間の短さだ。18.44mある投打の間は、その速さによってさらに短くなる。合わせるだけの余裕がなくなる。ピッチャーは、それだけでは足りないと、緩いボールや曲がる変化球を投げ、時間と空間を駆使して、バッターを惑わす。だから、難しい。

タイミングの重要性を少しでも理解してくれれば、ここのドリルはそれでOKだ。

内田メモ
イチローの変化

イチローは日本では大きく足を動かす振り子打法でヒットを量産した。しかし、メジャーでは、あれだけ大きく動くと速球や動くボールに合わせにくい。そこで、足の動きを小さくして、その中でタイミングをとるようになった。動きは小さくなったが、彼の中では、感覚的な何かが、同じように動いていたのだろうと思う。

構え

タイミング

ボールの見方

カベ

スイング

バットの軌道

打者のタイプ

DRILL
18

タイミングをどこでとる？ ①

狙い

上体、下半身、それぞれの利点と弱点を知る

●弊害が多い手での動作

　タイミングのとり方は、その選手の身体の中にあるリズム感と関係している。とりやすい部位がそれぞれに違うから、動きにも個性が出る。腰やヒザの動きでとる選手がいれば、腕の動きで合わせる選手もいる。足を上げる選手も多い。

　それぞれに個性なのだから、無理して変える必要はない。ただし、その個性には利点もあれば、弱点もあるもの。利点が作用していれば調子もいいが、不調になると弱点が顔を出す。好不調は個性が揺

ヒザと腰の小さなひねりだけでタイミングをとる例。動きが小さい分、頭もブレず、視線も動かない。上体の動きも小さく、すぐに振りだせる形を保つことができる

れ動くようなものだ。

一番、合理的なのはヒザ、腰のひねりでとることだろう。動きが小さいので、目のブレも小さく、始動もしやすい。ただし、動きが小さいということは、それだけ間をとりにくい。リズムを失わないように、意識する必要がある。

手で合わせるのは、音楽の指揮者がタクトを振るようなもので、根源的にやりやすいのだと思うが、弱点も多い。「せーの！」とやる動きがグリップを下げてから上げるヒッチの動きにつながる。**その動きの分だけ、始動までに余計な時間が必要になる**。悪くなるときは、それが遅れにつながる。早めに始動し、テイクバックする意識が必要になるだろう。

真実を言えば、バットは動かさないことがベスト。でも、プロでもそれをする選手は多い。タイミングは奥深いのだ。

手で合わせる一例。バットヘッドを後ろに下げてから戻す動きでタイミングをとっている。この動作が完了するまで始動できないので、それが遅れにつながりがち

DRILL
19 | タイミングをどこでとる？ ②

(狙い)
難解な「間」の概念を理解する

●ゆったりと動けるか？

タイミングのとり方には、ほかの方法もある。多くの打者が採用
しているのが、前足を上げるパターン。下半身の動きなので、上体
に影響が少なく利点は多いが、**上げた足はいつか下げる。そこをコ
ントロールできるかが重要になる**。丸佳浩の足の使い方などは、好
例になるだろう。

肩の動きでタイミングをとるのもひとつ。小さな動きであるので、
利点はありそうだが、総じて肩が入りすぎる傾向がある。肩が出て

論理的にタイミングは下半身でとる方がいい。足を上げるのもそのひとつ。ただし、足を
上げながらも安定して立てることが大事で、それができないと、突っ込む原因にもなる

くるのが遅れ、差し込まれる原因にもなる。

さて、基本的なリズムのつくり方を考えてみよう。構えたときが1、テイクバックしたときが2、スイングをはじめるときが3、とする。**1、2、まで行って、そこから3に移るまでに、小さな「間」が生まれる**。時間的には短いが、これが非常に重要な部分だ。

人によって、感じ方は違うだろうが、「イチ、ニー、サン！」の「ニー」の部分であったり、「よーいしょ！」の「よーい」であったり、少し間がある。しかもこれを、ときによって、ちょっと長くしたり、短くしたりする。その長短で、対象に同調させている。

この間を長く感じられる打者は、タイミングを合わせるのがうまい。身体は止まることなく、テイクバックした状態から、バットを引く、足を出す、という動きをゆったりとやっているのだ。だから、その動きの中でボールに合わせられる。

これを体得し、忘れないために、練習では、あえてゆったりとしたスイングをするメニューも取り入れる。いい打者は緩いボールを打つ練習を必ずやっているものだ。そこで体感し、身体でおぼえたものを、試合では瞬間的な動きで反復する。そんな方法を知ってほしい。

構え

タイミング

ボールの見方

カベ

スイング

バットの軌道

打者のタイプ

内田メモ
高橋由伸の技術

高橋由伸はしっかりと足を上げてタイミングをとる打者だった。でも、その始動は早く、投手が足を上げるより先だったほど。彼は、こうして早く準備し、ゆったりとボールを待った。これを可能にするには、強靭な軸足の力が必要なのだが、彼は練習を繰り返し、その努力を怠らなかった。だから、あれだけの安定感が生まれたのだ。

DRILL

20

たいてい、ボールは見えていない

狙い

ボールは思った以上に見えないと知る

●見てから振るのがバッティング

　どんな打者でも、ボールが見えているか？　と聞くと、見えています、と答える。まあ、ピッチャーのボールは18.44mもの距離を進んでくるのだ。どこかでは見えているのだろう。

　でも、**バッティングは、見て、振る、という動作だ**。身体の近くまで来て、ようやく見えたのでは、振るという動作が間に合わない。たとえば、リリースが見えていないとどうなるかを考えよう。最初に見えるのは３、４m進んだあたりになるだろう。すると、人間というのは、打つために手元のバッティングゾーンに先に視線を移してしまう。このため、中間地点は見えない（見ていない）。手前になる部分を見ていないので、バッティングゾーンでも球を追えるわけがない。最後まで見えなかったという結果になる。

　目の重要性が少しは理解できるだろうか。**ボールを見るという行為は、実は特殊なもの。訓練が必要だと思ってほしい。**

どこでボールが見えているかを確認することも練習。リリースを見ることを訓練する

リリースポイント

中間

バッティングゾーン

心理がボールを
見えなくする

（狙い） **なぜ、見えていないのかを理解する**

●過度な緊張は視力に影響する

　ボールを見ることは、バッティングにおいては最重要の一翼でさえある。でも、見えたり、見えなかったりする理由がわかっていないと、その違いを認識することさえできないだろう。そのため、ここで、解説しておこう。

　まず、恐怖や不安、過度な緊張があると、筋肉が硬直し、呼吸が乱れるのが人間だ。適度な緊張（集中）は交感神経が作用してモノを見やすいように瞳孔が開くのだが、**過度になると視力にも悪影響を与える**。同じように、打とう、打たなければいけない、という心理も、過度な緊張を生み、筋肉を硬直させる。

　また、思考は内的なものであり、見ることは外的、スイングは肉体的なものだ。3つを同時にやろうとすることで、注意力が分散してしまうのも、見えなくする原因だ。

恐怖

不安

過度な緊張

過度な緊張はボールを見えなくする。恐怖感や不安、打たなければいけない、という意識は要注意

DRILL

22

狙い

18.44mを目で追う

打者のボールの見方を知る

●3つのゾーンをすべて見るには？

ここで、ボールを見る上での考え方を説明しておこう。投手のプレートの前縁から、ホームベースの角までは18.44mある。この投手側の半分までを第1ゾーンとする。もし、このゾーンでボールが見えていないとすると、リリースポイントが見えていない、ということになるだろう。

次に、第1ゾーンの先から、打者の2～3m先あたりまでが第2ゾーン。おおむね、変化球が変化をはじめる部分だ。そして、最後の部分が第3ゾーン。いい投手の変化球はここで変化したり、伸びてきたりする。この部分を目で追うことは一番困難だと思っていい。

この第1～3までのすべてのゾーンでボールを追うことが、いい打者になる秘訣なのだが、多くの打者は、最初の2つのゾーンまでしか見えていない。だから、訓練が必要なのだ。

そこで、見方の解説だ。まず、頭の中で描くこと。投手から自分の方へ、どんな軌道、球筋でやってくるかを思い描く。リリースポイントや回転、動きなども詳細に思い出す。また、ストライクゾーンに入ってから、内から内へ、内から外へ、外から内へと動く軌道も描くこと。

緊張が強いと、見えるものも見えない。打席に入る前に考え、分

析し、計画を立てておく。リラックスすることも大事。余計なことを考えたり、身体を意識したりするなども、集中力が分散する。自然に身体が動くのが、いい状態だ。

集中力は長く続かない。だから、**投手のモーションに早く集中しすぎないこと**。広い視野の中に投手を置き、手が上がってきたところで、リリースポイントあたりに焦点を当てる。

ボールが手から離れる瞬間を見るように意識して訓練する。熟練すれば、無意識に球種もわかるようになる。そこから、第3ゾーンに至るまで、ボールを目で追えるようにしてほしい。

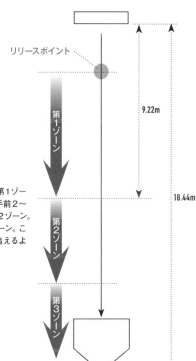

投打間の半分までが第1ゾーン。そこから、打者の手前2〜3mあたりまでが、第2ゾーン。最後の部分が第3ゾーン。このすべてでボールを追えるように訓練する

構え

タイミング

ボールの見方

カベ

スイング

バットの軌道

打者のタイプ

打席の中でできること

狙い

ボールの見方こそ調整できる重要ポイント

●打席でフォームは変えられない

　たいていの打者は、「いい球が来たら、それを打とう」と考えて、打席に立つ。

　しかし、投手のリリースからキャッチャーの捕球までは約0.4秒。0.3秒あたりで振っていないと打てない。その間に、見て、いいかどうかを判断して、振るかどうかを決める。普通は難しい。

　ならば、「ストライクゾーンの真ん中より低めだったら、２ストライクになるまで振ろう」と決めて打席に立つ方が効果的だろう。たいていの投手は、ここに投げてストライクをとりに来るのだ。手

「いい球が来たら打つ」よりも、「追い込まれるまではここを振る」と決めた方が効率的

を出したくないボールを振ることも減るし、余計なことを考えなくていいので、自分のスイングに徹することができる。

●打席で調整できることは3つのみ

だが、**打者というのは、調子が悪いほど、打席の中で余計なことを考える**。前に迎えに行っている、タメが足りないなど、練習で考えるべきことを打席で考える。注意力が分散し、ボールもさらに見えなくなる。打てず、さらに変になる。

実は打席でできる調整は3つしかない。1はボールの見方の調整。2は視野の調整。3がタイミングの調整だ。これ以外はできないし、しようとしてはいけない。スタンスやフォームを変えたくなるかもしれないが、やっても効果はないし、悪循環に陥る。

「球をよく見て打つ」という感覚の方が結果につながる。調子のいい打者ほど、たいてい、そう言うのだ。

打席でできる調整

1	ボールの見方の調整
2	視野の調整
3	タイミングの調整

打席で動きは変えられない。ならば、1と2の見る部分を調整する。3のタイミングは動く前の準備。準備を早くすることならば可能だ

内田メモ
動体視力の概念

昔は動体視力という考え方さえ、明確ではなかった。だが、目の重要性を考える人はいて、向かってくる電車を目で追うなどしたそうだ。今は科学的に計測することも可能で、野球選手も全体的に優れているが、卓球選手はさらに上だという。そんな意味では、卓球で目を訓練するのも手。小早川毅彦らもやっていた練習法なのだ。

DRILL 24

仮想ラインをつくる

狙い

松井秀喜の動作に学ぶ

●第３ゾーンまで描く

　長嶋茂雄さんが松井秀喜を育てるとき、重要なポイントとして指導したのが、**投手のリリースから、自分が打つポイントまでの軌道を描く、仮想ラインをつくること**だった。

　松井は打席に立つと、必ず背筋を伸ばしてから、アゴを何度か引いて構えていたが、あの動作はそのためのものだった。ちなみに、松井は状態が悪いと、背中が丸まる癖があり、そうするとスイングも悪くなるし、頭が前に出てしまう分、想定するラインもズレる。だから、毎回確認するルーティンにしていたのだ。

　特にボールが自分に一番近い第３ゾーンに来たときまでをしっかり頭の中に描き、そのライン上に視点をセットしていた。

　この繊細な作業が、松井を大打者たらしめたのだと思う。

松井秀喜は自分の手元の第３ゾーンまで、仮想ラインを引いていた

DRILL 25 あえて見ない場所をつくる

狙い

見るところ、見ないところの違いを知る

●中心視野でボールを追う

人間の目というのは、中心視野で見ているときは高い解像度で見え、認知度も高いが、周辺視野で見るとかなりあいまいになる。このため、予測してなかったカーブなどは周辺視野でしかとらえられず、異様に曲がったように見える。つまり、目の錯覚（錯視）が起きているわけだ。

だから、できるだけ中心視野でボールを見るように訓練するのだが、さまざまな球種やコースを全部見るのは無理がある。

そこで、2ストライクになるまでは、あえて、見ないところをつくるのも手なのだ。高低内外と見るところが絞れ、より、中心視野でボールを追うことができる。

ただし、2ストライク以降は、そうはいかない。より視野を広くし、対処する部分に比重をおくことになるわけだ。

見ない

見る

中心視野で追えば、ボールはよく見える。
2ストライクまでは見ない場所をつくってもいい

DRILL
26

ボールを見る、反応する

(狙い)

最短で動く必要があることも知る

●正田耕三との思い出

　私が若いコーチだった時期に、打撃を大きく変化させたのが、後に2度の首位打者にもなった正田耕三だった。

　彼には足があったが、プロの速球についていけないところがあり、そこを改善しないとレギュラー奪取は困難だった。そこで、彼をスイッチヒッターに転向させ、未経験の左打席で徹底的に練習させたのが、スピードボールを見て、これに反応して打つことだった。

　まず、ボールが見えなければいけないので、私はマシンをかなり前に出して、それを打たせることをやらせた。あくまで、当時だからの話であり、今はマシンの性能も違う。危険なので、そのままマ

構えた状態からグリップがバットをスイングする位置まで、無駄なくまっすぐ出てくる。
よく言う「最短距離でバットを出せ」というのは、このグリップの動きのことだ

ネすることはしないでもらいたい。

　ボールの見方は訓練で変わるものだ。最初の数日はバットに当てることさえできなかった彼だが、だんだんと当たるようになる。

　バットの出し方も徹底して変えた。彼は長打を打てるようなタイプではなく、短打を重ねるべき選手だった。速いボールに対し、ただ合理的なスイングを身につけさせた。**構えたところから、スイングするところまで、余計な動きを省いて小さくコンパクトにグリップを動かす**。いわゆる、最短距離で出す、という形だ。

　ゼロから左打席を仕込んだので、速球に対する合理性だけのスイングだった。でも、その甲斐あって、彼は速い球を見て、反応して、打つということを見事に身につけた。始動の最初の部分で、無駄なくグリップが出てくる。だから、スピードに負けない。

　速さに対抗するには、タイミングを変え、ボールの見方を研ぎ澄ますことが重要だ。でも、それでも足りなければ、無駄を削ぎ落とすことも必要。その一例だと考えてほしい。

グリップが遠回りして出てくる形。
これが無駄な動きになる場合もある

内田メモ

つくる・育てる・生かす

完成された選手は、その力を「生かす」ことを考える。資質があっても、発揮できない選手は「育てる」。そして、足や守備に資質があっても、打撃では難しいと感じたとき、長所が見えてこないときは「つくる」。正田はまさにつくった選手だったと思う。自分が若かったこともあるが、非常に思い出深い選手だった。

DRILL

27

狙い

速い球に対してもトップをつくる大切さを知る

●最初は振り遅れてもいい

前ページで正田耕三のスピードボールへの訓練を解説したが、これには重要なポイントがいくつかあるので、続けて補足しよう。

スイングというのは、1で構え、2でテイクバックし、3で振るという動作だ。ただし、この2と3の中に「間」が入る。その間で、ボールに合わせる。だから、口でリズムを言うと、「イチ、ニー、サン」という感じになる。

構えたところが「1」。軸足の内ももでボールを見る感覚が大事

テイクバックした「2」の状態。トップの状態の中で、軸足の内側でボールを呼び込む感覚を

でも、速いボールを相手にすると、間をつくる暇がない。そして、構えからいきなり振る「イチ、サン」というスイングになる。場合によっては、マシンの機械的動きを読んで、それに合わせて「イチ、ニ、サーン」と当て、マシンを攻略する練習をする者もいる。でも、それでは意味がない。いや、投手を打つ上では最悪といえる。

練習では、速いボールに振り遅れて構わない。**構わないから、必ずテイクバックしてトップをつくること**。1週間かかる選手もいれば、3日でできる選手もいるが、いずれ、早めにトップをつくることができるようになる。先にトップをつくり、ボールを呼び込んで打つ形だ。

このためのコツは、軸足側の内ももを自分の第2の目だと考えること。ここで、ボールを見て、呼び込むつもりで打てば、トップもできるし、始動も合ってくる。

スイングを始動するのが「3」。振り遅れてもいいので、しっかりボールを見て追うこと

マシンは実際の投手のようにフォームをつくってテイクバックしてくれない。そこを理解し、トップをつくることを忘れないようにすることが大事だ。だからこそ、ブルペンでピッチャーの生きたボールを見ることがいいのだ。足を運んで、軸足の第2の目で、よく見てほしい。

DRILL
28

なぜ、カベが大事なのか？を理解する

狙い

打撃のメカニズムから考える

●力を分散させない

バッティングは後ろ足の蹴りなど、下半身の力、腰の回転、肩から腕の力などを集約し、最後にその力でバットを振り抜く動作。そこで**必要になるのが「カベ」という概念**だ。

スイングを始動しても、前になる足、腰、肩、腕でガマンすることで身体の前側がカベになり、これが足の蹴りや腰の回転の力を受け止める。この中で全身の力が集約されていき、最後にバットヘッドが出ることで力が解放される。

前足、前の腰、肩、腕が早く動かないようにガマンすることでカベができる

前のヒザが早く折れてしまったので、振りにいくしかない。打てる範囲は狭くなる

だが、この力を集めている段階で、前側のつま先が浮く、ヒザが曲がるなどすると、集まるはずの力が分散してしまう。振りも弱くなる。

●スイングの正確性にも影響

スイングの力の問題だけではない。**カベはその正確性にも影響する**。本来、しっかりとカベができていれば、ストライクゾーンならば、どこにでもバットコントロールできる形になるもの。

しかし、力がどこかで逃げるということは、少なからずその方向に身体や力の方向がズレる。ガマンができていないので、開きが早くなり、アウトコースがさらに遠くなるので、これを強く打てない。インコースも早くバットが動いてしまって、これを捉える形にならない。打てる範囲は、グッと狭くなるわけだ。

つまり、**カベができない打者は振りが弱いし当たらない**、ということになる。その重要性が理解できただろうか。

前になる足が早くめくれてしまっているので、カベが崩れている

内田メモ

坂本勇人の変貌

坂本勇人はインコースを引っぱり方向へ飛ばすことに長けた選手だった。だが、そのため、前足のつま先が上がるのがほんの少し早く、不調になると、これがアウトコースへの対応を困難にしていた。あるとき、この克服に乗り出した彼は、つま先が上がらないためのドリル（P116）を繰り返し、外も強く打てる打者に変貌したのだ。

DRILL

29

前後のヒザの役割を理解する

狙い

カベをつくるにはヒザの役割が大きいと知る

●前後で役割が違う

バッティングにおいては、前後両方のヒザの役割が重要だ。

まず、構えるときは、やや曲げるくらいがいいと考えてほしい。先にも説明したが、曲げすぎると、腰から上が回りにくくなるし、そこからヒザが伸びる形になると、無用な上下動が生まれる。

タイミングをとり、テイクバックする動きの中では、後ろのヒザが重要。**ヒザから内ももが、先に述べた第2の目となって、ボールを呼び込むポイントになる。**このヒザがやわらかく使えないと、一

前後のヒザが適度に曲げられ、腰のラインが平行になる合理的な形。スイングするまでは、これを崩さない

連の動きがスムーズにできない。

　そして、ステップすると、前のヒザが重要になる。**ここを曲げずに踏ん張ることで、その上の腰、肩とともにカベをつくる役割を果たす**。前への重心移動を受け止め、こらえ、支え、ためたパワーを一気にスイングの回転に変える。

●フライボール革命の影響？

　また、近年は「フライボール革命」の概念の影響で、ボールを上げようという意識のためか、身体を反るスウェイ気味になる選手が多い。この場合、後ろのヒザが不必要に曲がって、力が前のカベにしっかり伝わらない。最終的に身体が反るのはいいのだが、スイングするまでは腰のラインは平行であることが、パワーロスなく強いスイングになることを理解してほしい。

構え

タイミング ― ボールの見方

カベ

スイング ― バットの軌道 ― 打者のタイプ

後ろのヒザが折れて、腰のラインが後傾した状態。後ろ足の蹴る力がうまく伝わらない。フライボールの概念のためか、近年多く見られる

DRILL

30 「割れ」をつくることの重要性

狙い

カベにぶつける力を生む「割れ」を理解する

●弓と弦の関係に近い

スイングするときに身体の前側のヒザ、腰、肩が力を受け止めるカベになり、そこに後ろ足の蹴りなど、前進する力がぶつかる。ブレーキをかけられた形の力は、回転する方向の力に変化し、それが上体を鋭く回転させ、最後にヘッドを走らせる。これがスイングの論理だ。

これを力強いものにするには、ステップするあたりで、**前に行ってカベを形成する部分と、後ろに残る部分に身体の前後が分かれる必要がある**。これが「割れ」という考え方だ。弓を引くのにたとえ

テイクバックした状態。このとき、
重心は後ろに移動する

ステップをはじめるが、
まだ重心は後ろ足側

るとわかりやすいが、前足側が弓で、後ろに残る重心が弦。当然、弓と弦は離れた方が、放ったときに大きな力になる。バッティングにも、同じような部分があるわけだ。

●上体は後ろに残す

具体的には、テイクバックし、始動するときに、**まず前の足をステップするが、このとき、上体はついていかず後ろに残る**。その後、後ろ足の蹴りとともに上体が前へ動く。ただし、すぐにそれはカベにぶつかり止まり、グリップが出てくる、という順になる。テイクバックして後ろに移動した重心が、上下一緒になって前に出てしまうと、この形にはならない。

この割れを習得するときにも、後ろ足の内ももからヒザを第2の目と意識することが有効になる。ここで、ボールを受けるような感覚を持つと、動きが理解しやすいだろう。

ステップした足が着地するが、上体は後ろに残ったまま。この状態が「割れ」の形

後ろ足の蹴りとともに上体が前に向かうが、すぐにカベにぶつかる

DRILL

31

テイクバックと
動と静の関係

狙い

「動」の中の「静」を理解する

● ピタッと止まらない

　金づちでも刀でも、強い力で何かを振るには、まず振り上げる予備動作がある。バッティングにおいては、それがテイクバックの動きだ。重心を投手とは逆の方向の後ろに動かし、ボールを待つ。

　ただし、この動きは、引いた、止まった、打った、というぶつ切りの動きではいけない。足やヒザを引き（もしくは上げ）、腰をひねり、グリップを打つ位置に持って行き、ボールを待つ。それらの動きが連動する感覚で、ゆったりと動くイメージがいい。だから、**テイクバックが終わったトップの形も、ピタリとした「停止」ではなく、「動」の中の「静」である感覚が大事**。大きな動きの中の、静かではあるが、止まっていない部分だ。止まっているように見えても、打者の感覚の中ではゆっくりと動いているのだ。非常に難しい概念だが、この理解がバッティングでは重要なのだ。

テイクバックした状態は大きな動きの中の途中。止まっているように見えて、動いている感覚が必要

DRILL 32　トップをつくる

狙い　折り返し点であるトップの必要性を知る

●トップはルートの1地点

バッティングはテイクバックした重心をもう一度前に戻し、その力をスイングに変えて打つ動作。おおまかに言えば、一度下がって戻ってくるわけだ。そして、**その折り返し点をトップという。**

ある点まで行って、バックして戻ってくる感じよりも、マラソンランナーが折り返し点を回ってくることや、山を登って文字通り頂点（トップ）まで行って、向こう側に下っていくようなイメージをした方がいいだろう。あるルートの1点と考えると、トップでピタッと停止してしまうこともないはずだ。

バッティングではこのトップからいかに強く正確にバットを出すかが問われる。練習でいい加減に振っていると、トップまで行かずに勝手に戻るような打撃になる。これでは、意味がない。

連続ティーのような忙しい練習でも、必ずトップをつくる。それがないと、打撃向上につながらない

DRILL
33
フォワードスイングと振り出し

狙い

最初の振り出しの動きを知る

●45°の角度でグリップを出す

　折り返し点であるトップから、実際にバットを振っていく動作が、フォワードスイング。

　実はこのトップからの最初、10cmほどのグリップの動きには、個性は必要なく、合理性だけがあると私は考えている。**この最初の部分が、その打者の軸に対し、45°の角度で入っていくとバットヘッドもスムーズに出る**。それが、いい打者に共通している部分なのだ。

　そして、この形になるには、トップでのグリップは後ろの軸足の上にあるのがいい。パンチを繰り出すとき、引いた拳がどこにあるかを自分でやってみてほしい。その拳の位置が、強く打てるトップでのグリップの位置だ。

　この最初の45°の角度さえできていれば、後は選手の個性が出ていい。ご自由にどうぞ、と考えている。

トップでのグリップの位置から、最初の10cmほどは、その打者の軸に対して、45°の角度でグリップを出す

DRILL
34

インパクトでの意識づけ

狙い

インパクトにおける動作と注意点を理解する

●練習で確認する

振り出しからインパクトまでは試合だと一瞬の動きだ。意識して変化させることはできないだろう。でも、練習ではここをゆっくり考えることができる。**振り出しが1だとすると、インパクトが10になるくらいに細分化して確認してみるのも大事だ。**

選手によって、差が出る部分なのだが、インパクトでは、いかにバットの力をロスなくボールに伝えるかは共通だ。球に当たる瞬間にすべてのパワーを出す意識がいい。また、身体の開きを抑制するために、グリップを身体近くにする意識がほしい。ヘソの前で振るくらいの気持ちでいい。アウトサイドインのスイングになっていると、こうできないのだ。また、投手側の腰が早くに浮いてしまうと、力が先に抜ける。ここも確認してほしい。

ヘソの前で振るくらいの意識を持てば、身体の開きは抑制できる。視線をボールから外さないことも大事

DRILL
35

ツイストの概念

狙い

強く打つための極意を知る

●上下を逆にひねる

インパクトで強い力を発揮する秘訣として、ツイストというものがある。言葉としては、ひねるという意味の英語なのだが、1960年代以降、ツイストダンスというのが流行したことがある。**上半身と下半身を左右逆にひねるもので、これがその秘訣の動きと似ているために、こう呼んでいる。**

バッティングは後ろの力を前足側のカベにぶつけ、ブレーキすることで前進運動を回転運動に変化させるもの。ブレーキが大きいほ

構えからしっかりトップをつくり、スイングをはじめる

始動と同時に、両内ももを内側に絞る。足の指で地面をつかむ感覚を持つ

ど、上体の回転は鋭くなり、バットヘッドも走る。ならば、**振ると同時に下半身側が逆方向へ動くと、さらに強いブレーキがかけられ、強く振り抜けることになる**。非力な打者でも、強いボールを打つコツなのだ。

実際に試合で完全に同じ形で振ることはないが、練習でその感覚を体得しておけば、試合でもそれに近い力学が働く。まずは、振るときに両ももを内側に絞り、足の指で地面をつかむ感覚でやってみること。高等技術だが、得るものは大きいだろう。

> **内田メモ**
> ### 阿部慎之助の極意
>
> ツイストの概念をもっともよく理解し、体得したのは阿部慎之助だったと思う。もともと、資質に優れた打者で、特に上体のやわらかさは目立った。だが、阿部はそれだけに満足せず、このツイスト習得のために汗を流した。その甲斐もあって、インコースの難しい球でも、強く振り抜き、スタンドに運ぶ力を身につけたのだ。

構え

タイミング ── ボールの見方 ── カベ

スイング

バットの軌道 ── 打者のタイプ

下半身を逆方向にひねるイメージでスイングする。ヘッドの振り抜きを体感する

何度か振った後は、体感したことを意識しながら、通常のスイングでも振ること

最後まで振りきる
フォロースルー

狙い

自然にできる形と理解する

●10で終わらず、さらに先まで

インパクトが終わると、後はそのスイングを収束させるパートであるフォロースルーになる。ここでどうこうしようという意識は必要ないだろう。それよりも、そこに至るまで、**しっかり振りきる意識を持つこと**。振り出しが1とすると、インパクトは10と考えると先に述べたが、10で終わりではない。11まで振り、さらに12に届くほどに、最後の最後まで振る気持ちを持つ。

そこまでやると、はっきりと個性が出る。柳田悠岐などがいい例で、正確性の高い打者であるのに、上体が反り、背中を叩くほどに振る。ほかの選手がやってもああはならない。それが個性だ。

こうして振りきると、右打者ならば、右手が勝手にグリップから離れる選手もいる。離すのではなく、自然にそうなるのだ。

最後まで振りきる意識を持つこと。特に
素振りではそれを意識づけておくといい

DRILL
37

振るという感覚

狙い

ヘッドを走らせる意味を理解する

●「切っ先三寸」の技

バットを振る、スイングする、という動作は、対象物であるボールにバットという道具をぶつけるのとは少し違う。とても抽象的な感覚にはなるが、**ヘッドを走らせる、というイメージが必要だ。**

非常につかみにくいものではあるが、日本の選手であれば、理解しやすいと私は思う。日本には刀の文化があり、そこには「切っ先三寸（きっさきさんずん）」という言葉もある。刀を上手に使うと、先から三寸（約9cm）ほどのところが切るのに向いている、という意味だ。刀身全体を振り回すのでなく、その部分を鋭く走らせれば切れるわけだ。

バットも同じで、腕全体で振り回してもヘッドは走らない。グリップを中心に鋭く回転することで、ヘッドスピードが上がり、強い打球が打てる。

この感覚を理解し体得してほしい。

連続写真の連番2コマ。グリップの位置は大きく変わらないのに、ヘッドは大きく前に出ているのがわかる

ダウンスイングや
フライボールの考え方

狙い

言葉に惑わされず、正しく理解する

●どちらも誤解がある

近年、メジャーリーグではフライを打った方が得点につながりやすいという統計データから、「フライボール革命」なる概念が出てきて話題になっている。そして、かつてのダウンスイングの考え方などが、古いのでは、という印象を生んでいる。だが、どちらも誤解の産物だと私は考えている。

メジャーリーグのものは、**あくまで統計なので、データが変われば考え方も変わる代物**。これまでバッティングにあった合理性を陳腐化させるものではないだろう。それに上体を後傾させて打つことには、ちゃんと別の合理性もある（→P76）。

またダウンスイングも、そもそもバットの軌道を指すものではなく、トップからの振り出しの部分のことだと思う。私はダウンブローなどとも言うが、**トップからの始動は必ずグリップが下がる形で出るもの**（→P68）。その指導が誤解されて、バット全体を振り下ろせというような方向になってしまったのだと思う。

ダウンスイングの概念は、現役時代の王貞治さんの練習が報道されたことに端を発するようだが、当時は野球理論も深く浸透していなかった。練習では、通常のスイングとは異なることも取り入れるもので、そこに受け手との誤解があったのだろう。

DRILL
39

スイングの軌道は
あのマーク

狙い バットの軌道イメージをつくる

●アウトサイドスイングに要注意

　バットヘッドの軌道イメージは、現在では少し下がって弧を描いて戻ってくる形がいいと思っている。 下の写真のように、実際に描いてみると、よく見るスポーツ用品メーカーのマークにソックリになる。面倒くさいから、現場では名前を出して説明するが、ここでは迷惑をかけては悪いので、伏せておこうと思う。

　これに対し、アマチュアの選手に多いのが、レベルスイングを指導されることでなる、横に倒した「U」字を描くような軌道だ。

　バットを横に振ろうという意識のためか、**ヘッドが外回りして出てくるアウトサイドインのスイングになりがちだ。** アマチュアでは力があればそれでも打てるのだが、プロに来ると、多くの選手がこの壁にぶつかる。要注意のポイントなのだ。

レベルスイングを心掛けると、軌道は横U字になる。アウトサイドインのスイングにならないように

グリップと一緒に少し下へ向かって、そこから弧を描いて上へ戻る軌道をイメージしてほしい

DRILL
40

上体を後ろにして 距離をとる

狙い

上体を反る打ち方の利点を知る

●現代的な考え方

ピッチャーの投球は日々進化している。昔は球速150km/hを投げられる投手は貴重だったのに、今ではどのチームにもいる。メジャーリーグなどから輸入された小さく動くボールなども手ごわい。バッターの方も、新しい考え方は必要だろう。

そこで、フライボール革命の解説でも少し触れたが（→P74）、上体を反らせて打つ合理性を説明してみよう。

下の図を見てほしい。3つのポイントはそれぞれのコースでボールをとらえる位置だ。かつては、インコースは前で、アウトコース

昔の指導では、右のようにアウトコースから真ん中あたりは、かなり後ろで打っていた。だが、現在の投手に対抗するには、それらを少し前にした方が合理的だ

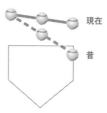

現在

昔

は後ろで打つというのが一般的だったが、**現在は、外から真ん中に****かけては、それよりも少し投手側で打った方がいいように思う**。動くボールが動ききらない間に打つイメージだろうか。すると、身体は一度前に出る感じになるだろう。そのままでは後ろの手のヒジが前に抜きにくくなるので、インパクト後（もしくは、ほぼ同時）に前に出た分、**上体を後ろに反り、ボールとの距離を空ける感覚だ**。

　こうすると、その上体を支える形で、軸足の力を強く使える。ボールを押し込む力も大きくなるので、打球も強くなるだろう。

　フライボールを打つために上体を反る選手が近年は多いが、それだけだと、グリップが下がるなど弊害も多い。フライのためでなく、より強く打つために、上体を後ろに反るテクニックを使う意識をしてみてはどうだろう。現在の感覚としては、非常に合理的なのだ。

上体が少し前に出ながら、
ボールをとらえに行く

上体を後傾させながら腕を振り抜く。
後ろの足の蹴りも強く使う

バットの
スピード・正確性・再現性

狙い

総合的に考える、正しいスイングとは？

●スイングの3要素

　スイングには3つの大事な要素がある。**最初のひとつはスイング**
のスピードだ。強く打つには、バットヘッドのスピードが重要なの
は理解できるだろう。これをいかに速くするか、そのために、どん
なフォームが合理的であるかを考える。

　次は正確性だ。狙ったところにバットヘッドを運べるか、しっか
りインパクトできるか、そういう部分だと思えばいい。だから、い
くらスイングスピードが速くても、正確性がないのであれば、それ
は、正しいスイングとは言えない。

　最後に再現性がある。これは少し難しいのだが、常にそれができ
るか、高い確率で発揮できるか、という部分。試合では、打球方向
が狙い通りか、長打狙いでそういう打球になったか、そんな部分に
表れる。練習でできても、試合で出せなくては、再現性が低い、と
いうことになる。素振り、ティーバッティング、マシン打撃、フリ
ーバッティング、そして試合と難度が上がるごとに再現性も落ちる。
プロの一軍と二軍で、一番大きな差が出るのが、この再現性。一軍
選手は凡打しても同じポイントで打てているが、二軍はバラバラな
のだ。だから、いい資質を持ちながら、再現性を得られずに去って
いく選手も多い。

●正しいスイングを考える

このスピード、正確性、再現性を最大に発揮できるスイングが、その選手にとっての、正しいスイングだと思ってほしい。いつ当たるかわからないが当たるとデカい、というのは、スピードはあっても、正確性と再現性を発揮できていない。調子がいいと次々に打つが、悪いと同じことができないならば、再現性に劣る。

これがわかると、スピードを犠牲にしても正確性を上げよう、ムダな動きを減らして再現性を高めよう、という考え方もできるようになる。バットヘッドの軌道も、ムダなところを走ってくることがなくなるはずだ。

素振りやティーバッティングは再現性が高い練習方法。ここで、同じポイント、同じ形で打てるようにする

構え

タイミング ― ボールの見方 ― カベ ― スイング

バットの軌道

打者のタイプ

79

DRILL
42

自分のタイプを考える

狙い
チームの中での役割を考える

●自分でタイプを変えることも

　打者にはそれぞれの個性にあったタイプがある。もちろん、身体が成長途上の少年野球の時期から、自他ともに型にはめるのはいいことではないが、カテゴリーが上がるごとに、それははっきりしていくだろう。プロの場合は、そのタイプを見極めることが、チームに必要とされるか、否かまで決めてしまう。

　だから、**プロの選手には役割を自覚するようにと常に言う**。いくら、パンチ力があるとしても、自チームのクリンナップに強打者がズラリと並んでいるのでは、出る幕がない。自分の側でタイプを変化させることも必要なのだ。

　高橋由伸は六大学野球の最強打者として入団してきたが、クリンナップには松井秀喜と清原和博がいた。そして、「長打力ではかないません」と私に言ったのが忘れられない。彼はそこで、飛距離よりも確実性で勝負することを選んだのだろう。そして、あの成績を残したのだ。

　特にプロの場合は、試合に出て打たないと、評価も給料も上がることはないのだ。まず、試合に出る方法を考えなければならない。アマチュアにそのまま当てはまる視点ではないが、そんな世界もあるのだと、知ってほしい。

DRILL 43

目標にするのは何番？

狙い

打順ごとの役割を知る

●特徴や求められるもの

チームの打線には打順があり、それぞれに役割が異なる。特にプロの場合は、それが体得すべき技術の違いにもなる。

1、2番打者は、出塁率の高さが必要。さらに、足の速さ、自己犠牲を払え、三振が少ない、広角に打てる、選球眼がいい、バントが上手、野球を知っている、研究熱心、という特徴がある。

3、4、5番のクリンナップは、長打力が重要。信頼感、責任感、勝負強さ、四球が多い、という特徴があればよく、さらに、チームへの影響力が大きいことを自覚しないといけない。

6番以降は、将来のクリンナップやそれに準ずる選手、ということになる。意外性があるのもいいが、打撃以外で貢献することも重要だ。守備のうまさは問われる。

それぞれの打順の特徴を知り、何番打者を目標にするのかを決めるのだ。

内田メモ

役割を知る仁志敏久

仁志敏久はアマチュア時代に全日本の中軸も務めた選手だった。しかし、ジャイアンツに来ると、中軸には松井秀喜、落合博満らがいて、翌年には清原和博がやってくる。そこで彼は役割を自覚したのだと思う。バントも練習したし、守備はメキメキ上達した。気が付けば、球界一の二塁手で屈指の1番打者になっていた。

DRILL
44 | 長距離打者か短距離打者か？

狙い
自分で決めて進む意識を持つ

●どちらを選ぶかで変わる

打ったボールが飛ぶ、飛ばないというのは、多分に才能に左右される。もちろん、中には金本知憲のように、肉体ごと作り替えることで変貌する選手もいるので、決めつけることはできない。あくまで本人の領分のはずだ。

ただし、自分でだんだんとわかってくるものでもある。自分がそのカテゴリーの中で、長距離打者でいくのか、短距離打者でいくのかを決めた方が効率はいい。

短距離打者は、やはり、ミート中心に考えるべきだろう。スイングの中で飛ばすためにやっていたことを省き、より正確性を高めるのも必要な方法論だろう。**長距離打者は飛ばす才能を大事に、正確性、再現性を高める努力をすること**。いつまでも「当たれば飛ぶ」では、そのうちに居場所がなくなる。

それが決まれば、相手に何か強い印象を植え付けることも考える。速球に強い、内角に強い、遅い球に強い、流し打ちがうまい、初球を振ってくる、など、どれも相手が嫌がることだ。それがあれば、さらに必要とされるようになる。

DRILL 45 理想型と無難型

相手への対応力を考えてみる

●幅広く対応できる理想型

飛距離の長短だけでなく、相手への対応力でもタイプが分かれる。

まず、最初の**A型は直球に合わせていながら変化球に対応できるタイプで、理想型と言える**。狙っている球と、そうでない球を7：3、もしくは8：2の比率で待つことができ、比率の低いボールにも対処できる。こういう打者は根本的に集中力と反射神経に優れていると思う。また、上体をやわらかく使える特質があることが多く、「間」をとる天性がある。打席にも「来た球を打つ」という心境で入れるので、シンプルで強い。

次の**B型は、内角か外角かに狙いを絞って、それに対応できる打者**。理想型ほど何でもできるわけではないが、結果は残せる。無難型と言えるだろう。

特に近年のプロ野球においては、データやスコアラーの力が大きく影響する。B型はこれらの助けを得て、結果につなげるタイプと考えてもいいだろう。

A	理想型	直球に合わせて変化球に対応できる
B	無難型	内角か外角に絞って対応できる

器用型と不器用型

狙い

できることでもタイプは変わる

●D型は悲観せず努力する

C型は打つ方向を決めて打つタイプで器用型とも言える。レフト、センター、ライトに打ち分けられ、自分のペースに巻き込み、カウントを利用したカウントバッティングもできる。

最後の**D型は、A～Cができない不器用型**。ほかに比べて反射神経に劣り、目で見てからの行動で遅れる。だから、狙い球を絞らないと対応できない。ほかが必要としない努力も、必要だと認識すべきだし、データを駆使し、相手心理を見抜かねばならない。苦労ばかりだが、悲観しなくていい。プロの一軍にもD型はたくさんいる。

ただし、練習ではA型をめざす。もちろん、DからAへ一気には行けない。だから、距離感やタイミングを工夫し、技術を身につけC型に、さらにB型へなろうと努力する。根拠を手にし、その上でできる技術を駆使して、対応するのだ。

もちろん、A型の選手であっても、相手によっては、それをさせてくれないこともある。そんなときは、B～Dの対応も含めて、攻略の糸口を探せばいい。

C	器用型	打つ方向を決めて打てる
D	不器用型	狙い球を絞って対応する

3章

スイングし「行動する」ドリル

素振りの目的と方法 ①

狙い

素振りがなぜいいのかを知る

●好きなだけ反復できる

実践編となる3章では、実際に選手がやるドリルを紹介していく。そこで、最初にバッティング練習の大きな要素である素振りについて、少し丁寧にやっておこう。

まず、**素振りはとてもいい練習だと知ってほしい**。ボールを相手にするわけではなく、合わせる必要がないので、誰でもホームランを打つようなスイングができる。きれいなスイングができる。しかも、自分ひとりでできる。相手がいらない。

素振りも含め、練習では必ずトップをつくることを意識する

ステップしながらも、前後に割れる形を確認

　また、**素振りはもっとも再現性が高い練習方法だ**。フリーバッティングでは、同じコースを反復することはできないが、素振りはそれが可能だ。身につくまで、好きなだけ振れる。

　私はプロで指導しているとき、素振りの目的と方法を記した11項目のペーパーを用意し、選手たちに渡していた。これを順に説明していこうと思う。

１．下半身の安定感をつくる

ヒザの使い方、腰でバットを引っぱってくる意識を持つ。腰の回転をステップ、軸足の回転、スイングと進む中で感じ、ヒザの柔軟性と、前のヒザのカベも確認する。

２．低めのスイングを繰り返す

低めは下半身の使い方が身につきやすい。高め、低めと振って、内外両サイドのポイントも確認すること。

（次項目に続く）

下半身

方向性

スイング

上体

タイミング

前のカベを意識し、腰でバットを引っぱってくる気持ちで下半身の安定感をつくる

最後まで振りきることも素振りでは大事。ここでできないと試合でもできない

素振りの目的と方法 ②

狙い

素振りでミートでの爆発力を養う

●脱力感が爆発力を生む

素振りの目的と方法の続きだ。

3．目的は無意識に振って、理想の形で振れること

素振りは頭で理解したことを身体におぼえさせる作業でもある。**ミートポイント１点に力を爆発させることを心掛ける**。スイングの幅、そして、音を確認する。いいスイングは、いい音が鳴る。構え、テイクバック、スイングを「イチ、ニー、サン」で振り、間合いをつくる。構えを省き、トップをいきなりつくり「ニー、サン」の間合

構えた段階での脱力感を意識する。
それがミートでの爆発力になる

テイクバックし、トップをつくる。
間合いも意識する

練習の基礎

いで振るクイックもやってみる。0でスタートし、10がインパクト
だが、11、12まで振りきる意識で。

4．楽なコース、スイングは最後の仕上げで振る

最後に気持ちよく、終わる。最初からしなくていい。

5．ミートでの爆発は力の抜けた脱力感が生む

構えで脱力しているから、インパクトに力を集約できる。その感覚
で、背中まで振る。

6．重いバット、軽いバットを振る

重いバットを振ると、スイングに使う筋肉が刺激される。軽いバッ
トは振り抜きがいいので、スイングスピードが養える。

7．何も考えずに連続振りをする

これでバランスをおぼえられる。身体の中心軸を意識し、重心の位
置、両足、その内ももの内転筋を確認する。

（次項目に続く）

下半身 ― 方向性 ― スイング ― 上体 ― タイミング

インパクトの1点に力を集約
させる意識でスイングする

インパクトで止まらず、最後の
最後まで振りきること

DRILL
49

素振りの目的と方法 ③

狙い

コースを描いて振ることを知る

●**想定したボールに対し振る**

さらに、素振りの目的と方法を続ける。

8. 方向性のスイングと正しいスイング

インコース、アウトコース、高め、低めをそれぞれにスイング。最後に好きなコースを振って仕上げる。

9. 上半身、腕の力はできるだけ使わない

スイングは下半身主導。腕に意識があると力みになる。脱力を意識して構え、両カカトをゆっくり上げて、両足の親指の付け根にある

インコース	アウトコース

インコースへの素振り。頭の中に投手を描き、その軌道に対してスイング

アウトコースへの素振り。下半身でそのボールを打つ意識が必要

母指球に重心をかけ２、３度立つ。カカトを下げて、ヘソの下の丹田あたりを安定させる。ここから下半身で振る。

10. 力はミートのところだけにする

繰り返しになるが、それだけ重要事項。脱力感を意識する。

11. 素振りでは100%の力で振り、試合ではやわらかくボールを待ち80%の力で振る

素振りは試合で使う技術を習得するひとつの場だ。だから、ただその形で振ったのでは意味が薄い。構えから、**絶えず18.44m先に投手を描き、そこから来たボールの軌道を想定し、それに対しスイングする**。

　ほかにも、２章で解説した目と内ももの第２の目など、意識すべきポイントは多々ある。重複するところもあるが、それだけ大事なことで、選手に何度も言ったことだと理解してくれればいい。これらを理解し、価値ある素振りを反復してほしい。

高め	低め

高めへの素振り。脱力感を意識し、インパクトで爆発させる意識で

低めへの素振り。低めのスイングは特に下半身の使い方が身につきやすい

DRILL
50 | ティーバッティングの重要性 ①

(狙い)

ティーバッティングの有効性を知る

●安全第一で練習する

　トスで上げられたボールを打つティーバッティングは打撃練習の中でも重要性が高い。プロの指導者だった37年間、私はティーのボールを出していた記憶ばかりが残っている。

　この練習のいいところは、上げられたボールに合わせられるところだ。**素振りと違って、ボールに対しながら間がつくれる**。

　しかも、同じようなボールを続けて出すことが容易なので、同じ形の反復もしやすい。ティー台にボールを置いて打つス

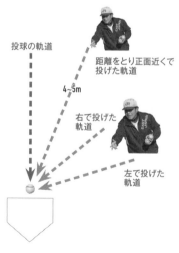

投球の軌道

距離をとり正面近くで
投げた軌道

4~5m

右で投げた
軌道

左で投げた
軌道

本来は投手方向から投げたいが、
それでは危険なので斜めから投げ
ている。右打者に左手で投げると、
角度が悪くなることを理解

92

タンドティーと並び、再現性の高い練習方法なのだ。何かを身につけるとき、修正したいとき、意識づけを徹底したいとき、どんなときでも、素振り同様に有効な練習方法になる。

基本的なところで理解しておきたいことに、ボールを出す角度がある。**本来は、打者に対して投手方向からボールを出した方が、実戦に近いのでそうしたい**。でも、そこからボールを出すと危ない。だから、斜め方向からボールを出す、という論理だ。だが、右打者に対して左手で、左打者に対して右手でボールを出すと、胸の前から投げられているような形になってしまうし、ボールに変な回転もついてしまう。ボールの出し手は、左右両方で投げられるだけでなく、距離の投げ分けなどもできるようにしたい。

そして、**くれぐれも安全性に注意すること**。技術の未熟な打者には特にそうだ。プロ相手であっても、私は打球で大ケガをした経験がある。安全第一で練習すること。

最初は斜め方向からボールを出す。出すコースなども変化をつける。右打者には右で投げた方がいい

投手方向に移動し距離を長くする。打者は間合いをつくりやすい。ただし、危険なので打者が未熟ならばやらないように

DRILL 51 | ティーバッティングの重要性 ②

狙い ティーバッティングの有効性を掘り下げる

●インプットに使え

通常のティーバッティングは、前ページの注意事項を守りながら、アウトコース、真ん中、インコースと投げ分け、それぞれのコースの打ち方に習熟していくといいだろう。

また、ティーバッティングは、スイングにおけるさまざまな意識づけや、動作の重要さを体感し、さらにそれをインプットするのにも効果が高い。

インパクトで止めるティーバッティング

出してもらったボールに対して
スイングするが振り抜かない

インパクトでバットヘッドを止める。
これを2球ほど続ける

　たとえば、インパクトで止めて、次に普通にバットを振り抜くティーバッティングがある。これは、バットを止めることの不自由さ、不自然さを体感した後に、振り抜いたときのヘッドの走りを感じるためのもの。振り抜くことの意味が理解できる。実際にやるときは、２球続けてバットを止め、次の２球は振り抜く、というように組み合わせる。

　逆に後に紹介するヒールアップティー（→P116）などでは、**先に極端な動作をして、その感覚をインプットし、次にその感覚を生かした通常のスイングをする**。２球ずつではなく、３球ずつでも、１球ずつでもいいが、インプットとターン（振りきる）を交互にやっていくと、身につけたいスイングになっていく。

　フリーバッティングなどでは、同じボールは続かないので、同じ感覚を得て、それをインプットすることは難しい。だからこそ、ティーバッティングでそれを繰り返し、身につけるのだ。

次の２球はバットを振り抜くことを意識する

ヘッドが突き抜け、走る感覚を体感する

52 ティーバッティングの重要性 ③

狙い

ティーバッティングを工夫する

●ボールを出す方向を変える

　ティーバッティングはボールを出す位置、距離を変えることでも、意味の異なる練習方法になる。

　たとえば、逆方向（打者から見て引っぱり方向）からボールを出すティーがある。打者側から見ると、ボールが肩口からやってくる感じになる。これをバットが外側から回ってくるアウトサイドインのスイングで打つと、投げ手のいる引っぱり方向に打球が行ってし

逆方向から投げるティーバッティング

投げ手はボールを出したら、すぐに
ネットの裏に入り、安全を確保する

打者は肩口から入ってきたボールを
内側から打つ意識でスイングする

まう。そこで、肩口を通り、自分の身体の前に来たボールをインサイドアウトのスイングで逆方向へ打つ。ボールの内側を叩く感覚が理解でき、身につくはずだ。

　技術のない打者とやるほど、打球は投げ手の方向に来るもの。安全のために、ボールを出したら、すぐにネットに隠れるのは当然だ。また、打者側もそちらに打たないようにすること。繰り返して感覚をつかんでほしい。

　ところで、ティーバッティング全体の注意点として、当てればいいという感覚に陥りやすいことがある。何かを得ようと、グリップや腕の使い方を意識すればするほど、そうなりやすい。でも、手先で当てるだけでは、試合に生きる技術にならない。そこで、**必ずトップをつくることを習慣づけてほしい**。そして、下半身を使い、その力でバットをコントロールする。その間合いの中で、得るべき技術を体得していくのだ。

下半身 ── 方向性 ── スイング ── 上体 ── タイミング

インサイドアウトのスイングで振ること。
アウトサイドインのスイングではうまくいかない

逆方向にボールを打ち返すことが
できるように

53 ティーバッティングの重要性 ④

狙い

ティーバッティングの可能性を知る

●いい打者はティーバッティングをする

　ティーバッティングは、投げ手と打者のふたりでできる練習なので、その利点を使うこともできる。

　たとえば、あえて打者の正面、胸側からボールを出してもらうのもアリだ。投手のボールとは全く違う方向ではあるのだが、この位置関係だと、**投げ手の方から打者のスイングを確認しやすい**。中心軸がブレていないか、前に突っ込んだり、後ろに残りすぎたりして

フロントティーランダム

投手方向からボールを出してもらう。
投げ手はすぐにネットに隠れること

インコースに出たボールを、
インコースの打ち方で返す

いないか、などを確認する上で有効なのだ。

ガラッと方向を変えて、**ネットを置いて投手方向からボールを出すフロントティーもいいだろう**。投げ手は打者が各方向に理にかなったバットの出し方をしているか、前から見てのバランスはどうかなどを確認できる。打者視点でも、投手方向からくるボールをそれぞれコースごとに打ち分けるのにいい。

ただし、投げ手は打球方向に位置するのだから、くどいようだが安全性に注意すること。ボールを出したら、すぐにネットの裏に入ること。ネットとの距離も十分空けて、打球が来てもケガをしないように注意してほしい。

前田智徳は勝手にさまざまなティーバッティングをルーティンにしていたし、阿部慎之助が伸びるときも、坂本勇人が弱点を克服したときもティーバッティングを繰り返した。いい打者はティーバッティングとともにあるのだ。

下半身 ── 方向性 ── スイング ── 上体 ── タイミング

真ん中のボールは
センター返しにする

アウトコースのボールは逆方向へ打ち返す。
それぞれ正しく打てるように

DRILL
54

ウォーキングスイング

狙い

体重移動の中でのスイングを身につける

●歩行とバッティングは似ている

バッティングの動作は、テイクバックしたときに後ろの腰（骨盤）に乗り、ステップし、さらに前になる腰と足で踏ん張る。シンプルに言えば、左右の体重移動をしていることになる。

これは歩く動きにとても似た動作なのだ。人間は普通にまっすぐ歩いているだけでも、実は左右交互の骨盤を入れ替え、そこに体重を交互にかけながら歩いている。歩けるのであれば、体重移動も身についているわけだ。

構えの足の形から
歩行へ移る

後ろの足をクロスステップで
前に出す

そこで、**この左右の体重移動に乗ってスイングし、左右の足、腰の使い方をスムーズにするのが、ウォーキングスイングだ。**

まず、1でバッティングの構え同様に立ち、2で後ろの足を投手方向にクロスステップで出す。3で反対の足を前に送り、バッティングの構えをして素振り。また、足を送って、と繰り返す。

先に歩くという下半身の動きが入るので、自然にその上でのスイングになる。バッティングは下半身主導であることは、これまでも何度も説明した。それを選手の前で繰り返さなくても、勝手にそうなってくるし、歩くことでリズムもできる。少年野球の練習などに向いているだろう。ただし、この場合もスイングの前にトップをつくることは徹底してほしい。

より年長の選手の場合は、ただ歩いているだけでなく、前後の骨盤が交互に動く感覚を意識すれば、よりスイングでの体重移動にも生きてくるだろう。

練習の基礎

下半身

方向性

スイング

上体

タイミング

残った足を前に出し、テイクバック。
必ずトップはつくる

下半身の動きでスイングする。
終われば、また歩く

55

ウォーキング連続ティー

狙い

下半身の動きの中で間合いをつくる練習

●ティーバッティングをプラス

　ウォーキングスイングには、体重移動の動きをしながら、下半身主導のスイングをする効果がある。そして、これにティーバッティングを組み合わせるのが、ウォーキング連続ティーだ。

　打者の方はウォーキングスイングと同じように前に歩きながらスイングするのだが、投げ手はそれに合わせて、後ろに下がりながらボールを出す。歩くことで下半身を使いながら、その中でボールと

ウォーキング連続ティー

打者は歩きながらスイングする。
投げ手は後ろに下がって間隔を保つ

投げ手は打者が軸足に乗る
タイミングでボールを出す

の間合いをつくる感覚が身につく。

投げ手は打者が歩いて、軸足に乗るタイミングでボールを出してやるのがコツだ。こうすることで、軸足側に体重を移す中で、ボールに対して、間合いをつくる形ができる。当然のことだが、ネットがあるわけではないので、危険を避けるために、双方とも打球の方向には注意が必要だ。少年野球などでは、危険なので安全なボールを使うのも手だろう。

さらに、**軸足でジャンプすることを加えたジャンプ・ウォーキング連続ティーもある**。これは、歩いて軸足に乗ったところで一度軽く飛び、そこからボールを打つもの。ジャンプすることで、より意識的に軸足に体重を乗せてから打つことができる。

ボールとの間合いをつくりながら、
スイング。これを繰り返す

ジャンプ・ウォーキング連続ティー

軸足に乗ったところで軽くジャンプし、
着地したところでボールをもらう

DRILL
56

重心を低くしたスイング

狙い

下半身に負荷をかけて強化

●ヒザを内転させる力をつける

バッティングでは下半身の力がスイングを大きく左右する。そこで、スタンスを大きくとり、負荷をかけて行うのが、重心を低くしたスイングだ。

肩幅よりかなり広くスタンスを広げ、重心が下がるように構え、そこからの素振りを繰り返す。両ももの筋肉に大きな負荷がかかるので、その強化になる。特にヒザを内側に内転させる力がつくので、スイング全体の強化につながる。

スタンスを大きく開き重心を深く落として構える。ももに負荷を感じること

しっかりトップをつくってからスイング。特に後ろ足の内ももにかかる力を意識する

練習の基礎

下半身

股にバットを挟んでスイング

狙い

腰の回転を身につける

●腰が回っているかを確認

バッティングでは腰がしっかり回ることが大事なのだが、回らなくてもバットは振れてしまう。そこで、腰が回っていることを意識しやすいように、股にバットを挟んでスイングの動作をする。

腰の回転ができていれば、振り終わったときにバットが投手方向を向いているはずなのだが、できていないと、中途半端な角度で止まってしまう。どこまで腰を回せばいいのかを体感することができるので、やってみてほしい。

方向性

スイング

上体

タイミング

太ももの間にバットを挟む。そのままだと
落ちるので手を添える

下半身でスイングの動きをする。バットが
投手方向を向いているかを確認する

DRILL

58

狙い

身体全体で遠くに飛ばす

●ボールの切れ方を確認

ティーと同様に下から投げて出したボールを身体全体を使って、強く打ち、遠くへ飛ばす練習がロングティーだ。

ボールがしっかり打ち出されるので、**打ったボールがどのように回転しているかを見る**。ゴルフにおけるドローやフェードのように、どのようにボールが切れていくかを見ることで、自分のスイング、ボールへの入り方などが確認できる。

ただし、ロングティーは身体に大きな負荷をかける。成長途上の小学生などは、悪影響もあるのでやらないでいい。

トスで出されたボールを大きく振って、遠くに飛ばすのがロングティー

カカトを上げてからの素振り

狙い

カカト重心を矯正する

●母指球で地面をとらえる

　人間の身体は、人によって足の重心位置が違うのだが、バッティングにおいてはカカト側に重心があると、身体が開きやすい、腰が回転しないなどの悪影響がある。

　そこで、一度つま先で立ってから素振りをする。**つま先で立つことで、足の親指の付け根にある母指球で地面をとらえることができる**。この状態からスイングすれば、下半身が使いやすく、カカト重心による弊害も出にくくなるのだ。

構える前につま先で立つ。両足の母指球
あたりで地面をつかむ感覚を持つ

カカトを下ろして構える。つま先側に重心が
あることを確認してスイングする

60

下半身主導の素振り

狙い

使う筋肉に意識を向ける

●手で叩いてから振ってみる

筋力トレーニングをする場合、ただ動作を繰り返すのではなく、**使う部分の筋肉に外部から触れ、意識することで効果を上げる考え方がある。**これを利用してスイングにとり入れるのが下半身主導の素振りだ。

まず、**軸足の太ももの外側**を「ここを使って」と自分で言いながら10秒ほど手で叩く。刺激を与えることで、外部から意識づけをインプットするわけだ。その状態で素振りで構えに入り、テイクバッ

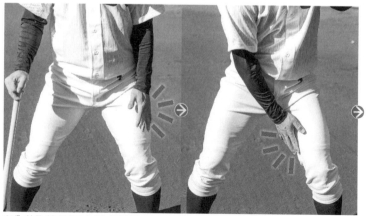

まず、軸足（左打者の左足）の外側を
10秒ほど叩いてから素振りをする

次に軸足の内側の筋肉、さらに裏側の筋肉を
10秒以上叩いてから振り、腰のキレの違いを
体感する

クでその筋肉を使うつもりで体重を乗せる。さらに、同じ筋肉を使って軸足を回転させてスイングする。

●内側、裏側が重要

次に**軸足の太ももの内側と裏側**を、同じように叩く。10〜20秒がめやすだが、可能ならば1分ほどやると効果は大きい。そして、外側のときと同様に、その部位を使うつもりでテイクバックし、軸足を回転させる。

ここで、体感した外側と内側での腰の回転のキレを考える。たぶん、**内側と裏側を使った方がキレがよかったはずだ**。

太ももの内側や裏側は、外側に比べて使う感覚が少なく、意識が低いことが多い。だから、より時間をかけて触れるわけだ。特殊なドリルに感じるかもしれないが、手で触れることで理解できるのであれば、効果的な練習方法であると思っている。

前足側のカベを理解するためには、その内ももを叩いてから振ってみるといい

コーチが指導するときにやってみても、選手の理解が進むのでいいだろう

DRILL

61

連続ティーバッティング

狙い

下半身に負荷をかけてスイングする

●左右の股関節を意識

次々と投げ手がボールを出して、打者はそれを繰り返し打つ練習が連続ティーバッティング。

まず、打者は少し広めのスタンスをとる。すばやく何度も打つため、足を上げることはしなくていい。重心は低めだ。そのまま、地面に足を置いたまま出してもらったボールを打つ。トップをつくり、また打つ、という動作を繰り返す。

これをやる大きな理由に、**下半身に負荷をかけながら振る**ことがある。その中で、スイングに重要な下半身の動きを繰り返す。**特に両股関節の動きを意識してほしい**。テイクバックしてトップに入ったときは、軸足側の股関節に重心があり、ひねりがある。振ったときは、前足側の股関節がひねられる。この左右の入れ替えをスムーズに行えるように。

また、忙しいからと、上体だけで動作をしたのでは全く意味がない。**下半身を使い、毎回、必ずトップをつくる**。

さて、この連続ティーだが、急ぐために悪い動きを反復してしまいよくないのでは、という意見もあるようだ。なるほど、もし悪い動きでやっているのならば、それは最悪だ。練習は正しい形を習熟するもの。違う動きをやることもあるが、それは正しい動きを体感

練習の基礎

するための布石だったりする。そんな意味では、指導者がよく選手を見てこのドリルを課すか判断すべきだろう。ティーバッティングは二人一組でやるもの。投げ手が確認してほしい。

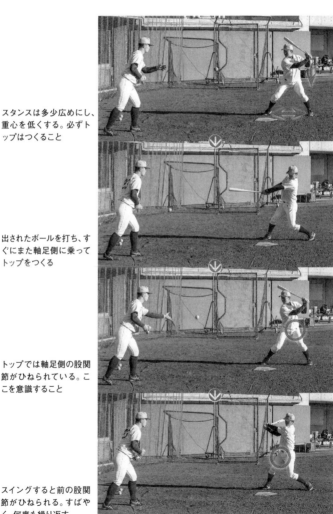

下半身

スタンスは多少広めにし、重心を低くする。必ずトップはつくること

方向性

出されたボールを打ち、すぐにまた軸足側に乗ってトップをつくる

スイング

トップでは軸足側の股関節がひねられている。ここを意識すること

上体

スイングすると前の股関節がひねられる。すばやく、何度も繰り返す

タイミング

62 傾斜を使ったスイング ①

狙い

体重移動の不完全を矯正する

●バッティングは体重移動

バッティングでは構えたときの両足への体重のかけ方は、均等配分の5：5を基本に6：4、7：3あたりで軸足側にかけている打者が多いだろう。そして、テイクバックして体重は後ろの軸足に移る。足を上げれば、当然全体重が軸足の上だし、上げなくてもそれに近い。そして、ステップし、振りに行くと今度は前足側に体重が移る。これを前足、前の腰、肩で踏ん張ってカベを形成する。**バッティングは、体重移動なのだ。**

傾斜に置いた軸足側に体重を
移動してテイクバック

ステップして割れをつくる。ベルトのラインを
水平に保つ意識で内ももを使う

本来、身体は体重移動である程度前に行くものだ。でも、前に行きすぎると泳いだ形になるので、それを嫌って意識的に後ろに残そうとする打者もいる。フライボールの概念を誤解して、軸足にずっと体重を残したまま打とうとする打者も出てくる。それでは、前への体重移動が下手になってしまう。

そこで、これを矯正するのが、傾斜を使ったスイングだ。前への体重移動ができていない打者の場合、軸足の下に傾斜を置いてスイングする。傾斜があるので、ステップし、さらに後ろ足を蹴ると、自然に前に体重が行く。これを前足側の踏ん張りで受け止め、カベをつくって振る。

意識の中に前に出てはいけない、ということがあると、うまくいかないだろう。**ある程度前に出るのが正しい**ことを理解した上で、取り組んでほしい。

前足側にカベをつくる
意識でスイング

ある程度、前に身体が
出ることを理解する

63 傾斜を使ったスイング ②

狙い

前に行きすぎるのを矯正する

●前のヒザがポイント

バッティングでは軸足に乗った体重が前に移動するものだが、前に行きすぎることもよくない。**だが、前に出てしまうことは非常に多い**。試合では遅いボールにタイミングが合わず、身体が前に出てしまう泳いだ形にもさせられる。打ちたいという力みや焦りが強いと、上体でボールを迎えに行く形にもなる。前足のカベが崩れると、それだけで前に出る。

こうして調子を崩した打者は、フォームが崩れてくる。体重が必

ステップする場所に傾斜を設置し、
構えてテイクバック

軸足側に体重を残しながらステップする
割れを意識。ベルトのラインは水平に

要以上に前に出る。そこで、ここでも傾斜を使ったスイングをとり入れる。前項目と異なり、今度はステップする足の着地点に傾斜を設置する。

　しっかりテイクバックし、軸足側に体重を乗せた上で、前の足をステップする。すぐに全身で前に出てしまわないように、**軸足の内ももに意識を置いて、割れの形をつくる**。ステップが傾斜に着地すると、前に体重移動。このとき、ベルトのラインは水平に保つ。前足のヒザで踏ん張り、これが曲がってしまわないように強く意識する。そうすることで前足、前の肩、腰でカベがつくれる。カベができていれば、それ以上、体重が前に行ってしまうことはない。

　さて、この傾斜を使った練習だが、専用の傾斜台を用意するのが難しいときもあるだろう。そんなときは、ほかにあるもので応用してくれればいい。昔はマウンドの傾斜でやっていたのだ。

前のヒザを踏ん張り、カベを
意識してスイングする

カベができていれば、上体が
前に突っ込むこともない

ヒールアップ・ツイストティー

狙い

カウンターモーションの習得

●ヒールアップで矯正にもなる

　軸足側にあった体重が前へ移動し、これが前足側のカベにブレーキをかけられることで、腰から上の回転運動に変化し、最後にバットヘッドが振り抜かれるのがバッティングの力学。

　つまり、**前足側のブレーキの利きがよければ、さらにスイングは強く鋭くなる**。そこで、下半身側に逆方向の動きを加え、そのカウンターモーションとしてヘッドを振り抜くのがツイスト打法（→P70）の考え方だ。

前足のカカトを上げて構える。
テイクバックしてトップをつくる

ボールに対してスイングを始動。
カカトは上げたまま

　これをティーバッティングにとり入れたのが、ツイストティーという練習。**スイングするときに両ももの内側を絞るように使い、逆モーションをかけるのがコツ。**

　さらに、このときに前足側のカカトを上げ、つま先立ちの形で打つのがヒールアップ・ツイストティー。前足がカカト重心になることや、早くつま先が上がってしまうなどの弱点を矯正するのにいい練習だ。

坂本勇人の練習法

坂本勇人はインコースを引っぱることが得意だったが、その分、前足のつま先が早めに上がってしまうところがあった。このため、外角球への踏み込みが弱くなり、強く打てないことが少ない弱点のひとつだった。そこで彼がやった練習がヒールアップでのスイング。つま先で立てば、つま先を上げることもできないからだ。

両ももを内側に絞るような意識で
ツイストのスイングをする

最後まで前足のカカトは上げたまま。
ツイストによる振り抜きも感じること

DRILL
65

後ろヒールアップ・ツイストティー

狙い

軸足の回転の矯正

●ツイストは集大成

　軸足側のカカトに体重が乗りすぎて下半身の回転ができていない打者は案外いる。また、軸足の蹴りが弱いという例もあるだろう。そんな場合は、後ろの軸足側のカカトを上げたスイングをするのが効果的だ。ここで紹介する後ろヒールアップ・ツイストティーもそのひとつ。つま先で立っているので、カカトに乗れないし、つま先で立っているので回転もしやすい。

　さて、一連のツイストスイングについてだが、バットを振る動作

後ろの軸足のカカトを上げて構え、
トップをつくる

ボールに間合いを合わせてスイング始動。
カカトは上げたまま

練習の基礎

と、下半身を止める動作の組み合わせであるから、非常に難しい技術ではある。**前提条件として、脱力感の習得、下半身主導、インサイドアウトで振れること**があり、いわば、バッティングの集大成とも言える。これだけを身につけるというのは困難なので、ほかの技術の習得を進めながら、感覚的な部分からでもつかんでみてほしい。下半身が止まることで、そのカウンターとして、上体、バットの振り抜きはよくなるのだ。

下半身

方向性

内田メモ

熱心だった慎之助

身体の前側のカベが崩れなければ、鋭く振れる。さらに、その壁が逆モーションで強くブレーキをかければ、スイングがもっと鋭くなるというのが、ツイストスイングの根本。難易度は非常に高いが、阿部慎之助は早くからこの習得に熱心だった。だからだろう、彼は前足のカベが崩れることも少なかったと思う。

スイング

上体

タイミング

前足内ももを絞り、後ろ足の蹴りを意識して振る

後ろ足をしっかり回し、ツイストによる振り抜きを体感する

DRILL

66

カカトを上げる練習

狙い

つま先側を使うことを知る

●**母指球が使えないとよくならない**

つま先ではなく、カカト側に重心があると、いろいろな面でうまくいかないのがバッティングだ。

まず、前の足をステップしていくときは、軸足側つま先の内側、要するに親指の付け根の母指球あたりに体重を乗せて、前後に割れる形をつくる。前方に体重移動していくときも、軸足を蹴るときも、この**母指球あたりが支点になる**。

だが、カカト重心になっていると、そのすべての動きに影響が出

カカトに体重が乗っていると、テイクバックの時点で身体が後傾してしまう

ステップしても開き気味になるので、力のベクトルも変わってしまう

てしまう。背中側に倒れる形になりがちで、力の方向さえも変わってしまう。

そこで、軸足のカカトを上げたスイングを練習にとり入れる。前項目で紹介した後ろヒールアップティーなどもそうだが、最初にやってみてほしいのが、このカカトを上げる練習だ。自分でカカトを上げるのもいいが、最初は下の写真のように、**カカトにゴルフボールなどを入れるのがいいだろう**。そこから、下半身の動きを何度か反復してみるのだ。

カカトに乗っても不安定なため、自然につま先側を使うようになる。後ろ足で身体を運ぶときも、蹴るときも合理的な形になるので、母指球を使う感覚も身についてくるだろう。ここが使えてはじめて、バッティングはよくなっていく。

軸足のカカトにゴルフボールなどを入れると、身体が後傾することもない

ステップしても正しく前に出る。親指の付け根の母指球を意識する

67

エリア45°を意識

狙い

センター返しの有効性を理解

●練習では方向を絞る

　ボールを引っぱるということは、バットが回る方向に打球が打ち出されるのだから、たしかに飛ぶ。それが個性の打者も多い。だが、引っぱって飛んだ経験は、引っぱって飛ばしたくなる欲を生む。そうなると、バッティングの合理性から離れていき、打撃が崩れる。

　そこで、**練習ではフェアグラウンドの90°の角度ではなく、センター方向の45°の角度を意識するといい**。スイングが正しい形になりやすく、ボールの回転もよくなる。センター返しがいいのは、これが理由だ。

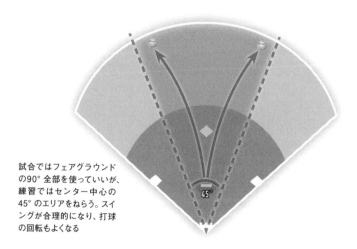

試合ではフェアグラウンドの90°全部を使っていいが、練習ではセンター中心の45°のエリアをねらう。スイングが合理的になり、打球の回転もよくなる

方向性の意識づけ

狙い
スイングの崩れと修正を知る

●引っぱって崩れる

　飛ばし屋がスイングを崩すのは、たいてい、引っぱり方向に意識が強くなったときだ。元来、逆方向に飛ばせる長所があった清原和博さえそうなったし、新井貴浩などは最たる例で、4番になった重圧からか、かなり重症だった。彼にはセンター方向どころか、逆方向ばかりを意識させた。

　既出の逆方向から投げるティーバッティング（→P96）なども、方向性を意識させるには、とてもいい練習となっている。**飛ばせる打者ほど、特に練習ではセンター方向、もしくは逆方向を意識する**ことで、スイングが崩れることを防いでほしい。

逆方向から投げるティーバッティングは、センターから逆方向への意識を高めるのにいい練習方法

DRILL
69

前のボールに当てる
スタンドティー

狙い

まっすぐボールを打ち出す練習

●打ったボールを前のボールに当てる

　たまたま打ったのではなく、**安定してセンター方向にボールが飛んでいるときは、スイングも合理的な形に近いと思っていいだろう。**下半身の生む力の方向がおかしければ、まず、そうならないし、バットが外回りするアウトサイドインのスイングでは、たとえセンター方向にボールが出ても、打球におかしな回転がかかり、切れていく。だからこそ、センター方向を意識することが大事なのだ。

　そこで、ゲーム的な練習も取り入れてみてはどうだろう。ふたつ

ベースとふたつのティースタンドの
距離感はこれくらい

手だけで打たず、しっかりトップを
つくった上で始動すること

のティースタンドをホームベース前と、センター方向へ1mほど先
に置き、それぞれにボールを載せる。

そして、ホームベース側のボールを打って、ビリヤードの球のよ
うに、前のボールに当てるのだ。

**ちゃんとインサイドアウトのスイングで振れていると、ボールは
まっすぐ打ち出されて、前のボールに当たってくれる**。スイングが
アウトサイドインになっていたり、身体の開きが早かったりすると、
なかなか当たらない。

バッティングでは、同じボールを同じように打てる再現性の高さ
が重要だ。それがないと、試合でのパフォーマンスが安定しないの
だ。これを身につけ、確認する意味でも、おもしろい練習方法とな
るだろう。

意識するのはインサイドアウトのスイング。
ボールの内側を打つイメージで

まっすぐセンター方向に打てれば、
打球が前のボールに当たる

長い棒での素振り

狙い

正しいスイングの軌道を身につける

●棒を地面につけない

　長い棒を使ってスイングすることは、とてもいい練習になる。バットよりもはるかに長いため、腕や手首の力だけで支えると特に先端を重く感じ、振りにくい。これを地面につけないように振るには、**どうしても下半身、腰、腕の順に使わねばならず、下半身から回転させる形になる**。腕を使えば使うほど、棒の先端は重く感じられる仕組みなのだ。

　また、ヘッドが下がる形で始動すると、棒が地面についてしまう。

長い棒を持って構えテイクバックする。バットを地面につけないように意識

棒のバランスを保つためには、45°の角度で始動するしかない。これがポイント

それを避けるためには、**トップからグリップを斜め下に動かす形になり、45°の角度で始動する意識づけになる。** 腕を伸ばすと、重さに耐えられないので、自然に身体の近くでグリップをコントロールするようになる。

さらに長いということは、それだけ、回転中心であるグリップから先端部は遠くなる。遠心力がより大きく働くので、ヘッドを走らせる感覚がわかりやすい。小学生でも、竹などの軽めのものを使って練習してみてほしい。

内田メモ

由伸の基礎は竹バット

高橋由伸が小学生時代からやっていたのが、竹バットでの素振りだ。ただ、小学生にはそれでも難しい。そこで彼の父が助言する。「下から使え」。下半身から動くことで、バットはスムーズに振れた。始動もキレイになった。由伸の基礎をつくったのは、この竹バットだった。それがあの輝かしい実績を生んだのだ。

そのまま、棒の先を地面につけてしまわないようにスイングする

始動の角度が悪いと、棒の重さに負けてしまう。こうならないように注意する

71 高い位置のスタンドティー

狙い
ショルダーダウンの矯正

●先に肩が下がる

現在の野球はメジャーリーグの影響が大きい。さらに、フライボールの考え方などが入ってくると、多くの選手がフライを上げようという意識になる。それはそれで時代の流れではあるのだろうが、どうしても誤解が生まれる。最初からアッパースイングをしようという形になって、スイングが崩れる。

私はバットの軌道は一度斜めに下がって、そこから弧を描いて上がってくるのが、現在の姿だと思っている（→P75）。だが、誤解が

台の上などにティー台を置いて、スイングする

振り出すときの肩のラインに注意する。後ろの肩がさがらないように

あるとそうならない、ガクンと下がって、そこから上に打つような軌道になる。後ろの肩が下がるショルダーダウンの形だ。

こうなると、前への体重移動もうまくいかないし、前の腰が先に浮いてしまうので、強いカベもつくれない。似たような形であっても、メジャーリーガーがビッグフライを打っているようにはならないのだ。

そこで、これを矯正するためにいいのが、ティースタンドを高い位置に設置したスタンドティーだ。**そもそも高めなので、打ちやすいのだ**。わざわざショルダーダウンしなくても打てるし、後ろのヒジも苦労せずに抜ける。

アマチュアならば、それでも打てることもあるが、先へ進むほどに苦労する。鈴木誠也などにもやらせた練習法なので、必要に応じてやってみてほしい。

そもそも高めなので打ちやすい。
後ろのヒジも抜きやすい

高く振り抜くのは問題ない。
キレイな軌道でスイングすること

129

DRILL
72 上体を後傾させるスイング

狙い

今的なスイング軌道を知る

●上体を後傾させる意味は？

　メジャーリーガーや柳田悠岐らが打ち終わった後に反るように身体を後傾させている姿を記憶している人は多いだろう。あれをもって「フライボール革命」とする人もいるだろうが、そこは微妙だ。ただし、あのスイングは現在の正解のひとつだと思う。

　私はスイングの始動は、**その選手の軸に対して、45°の角度で下りていくのが正しいと考えている**。ただし、地面に垂直な軸にではない。その選手の軸に対してだ。軸が後傾気味の選手ならば、地面

その打者の軸に対して、45°の角度で
グリップは出てくる

ただし、そのままでは後ろのヒジが
腹に当たって窮屈になる

との角度は、その傾きの分、水平に近くなって当然。無理に後ろの肩や腰を落としているのでなければ、それはそれでいい。

ただ、第2章で説明した（→P76）ように、一度身体を前に出してボールと身体が近い位置で打つとき、それだけでは後ろの腹に後ろのヒジが当たって窮屈になる。そこで、上体を後ろに反らして、ヒジと入れ替えるような形にする。それが、今的なひとつの答えなのだと思う。

実際、後ろの肩を落として、そこから斜め上にまっすぐ打ち出すような軌道イメージの選手は少なく、V字のように下がって上がるイメージを語る選手は多い。

そんな意味で、**やはりバットの軌道は少し下がって、弧を描いて上がるのがいいと、私は考えている。**

そこで上体を後ろに反り、入れ替えるようにヒジを抜く

ボールをとらえながらヘッドの軌道は弧を描くように上がっていく

DRILL 73 マスクをつけた ティーバッティング

狙い 短打型選手のバットの使い方を練習

●マスクをつけてヘディング

　短打型の選手は無駄をなるべく省き、さまざまなボールに対して、すばやくバットが出る方が好成績につながる。遠く、大きく飛ばすための部分がなくてもいいのだから、それが正解に近い。

　そこで、かなり特殊な練習だが、マスクをつけてのティーバッティングを紹介しておこう。

　まず、打者は防護のためにキャッチャーマスクを装着して構える。投げ手はその顔に向けてボールを出す。打者はバットで打つのでは

打者はマスクをつけて構える。
投げ手は顔に向けてボールを出す

打者はマスクで
ボールを受ける

なく、そのボールをサッカーのヘディングのように受ける。これで、**ボールに対する、一番シンプルなコンタクトをインプットするわけだ**。これを数球続ける。次に同じようなボールを出すのだが、今度はバットでスイングする。

顔前のように身体に近いボールは、バットを出すのが窮屈になるのだが、先にシンプルなコンタクトをしているので、すばやくバットが出せるようになる。

なんでもかんでも無駄を省くと、個性も何も残らないが、短打を重ねるタイプは、すばやいバットコントロールが大きな武器になる。ただし、小学生などで、ボールに対する恐怖感があるような場合は、顔にボールが来るだけで怖い。短打型と決めつけるのもよくない。まだ早い練習方法と考えてほしい。

練習の基礎 ― 下半身 ― 方向性

スイング

上体 ― タイミング

投げ手は同じようなボールを出す。
打者はバットで打つ

バットをすばやく出す
感覚を養う

74

グリップを 逆手にしたスイング

狙い

軌道が波打つ打者の矯正

●引き手の意識が強い

　昔はバットを持つ両手のうち、引き手になる前の手（右打者の左手）を使えと、よく言われた。だが、それを強く意識すると、前の手に引っぱられる形で、後ろの手が出てくる。その後ろのヒジが腹に当たる形で邪魔になる。ヒジ抜きがうまくできないのだ。そこで、後ろの肩（右打者の右肩）を出すように使ってしまう。急にリストが返る<u>こねる形になり、バットの軌道が波打つ</u>。

　前の脇を締めようという意識が強くても、同じようなことが起こ

グリップを通常とは上下逆に
持って構える

スイングを始動。引き手も後ろの手も
余計な動きはできない

る。脇が締まるのはいいのだが、それは自動的になるもので、締めるものではない。だから、こねる。

●現在は「両手一刀」で

私は後ろの手も使う形が現在は合理的だと思っている。インパクトでスイングを加速させ、押し込むのが後ろの手だ。だから、基本的には両手を気にせずに、下半身で振れと指導し、腕については、**両手を分けて考えず、総合的にとらえる「両手一刀」で打て**、と言うことにしている。

それでも軌道が波打つ打者はいる。そんな選手には、このグリップを逆手にしたスイングをドリルとして与えるといいだろう。逆手なので後ろの肩を出すなど、余計なことができない。まっすぐ振り抜くしかないのだ。

練習の基礎

下半身

方向性

スイング

上体

タイミング

何もしなくても勝手に後ろの
ヒジが抜けていく

スイングの軌道が波打つことなく
振り抜ける

DRILL
75

狙い

ゴムをヘッドにつけて
スイング

ヘッドが前に走る感覚を身につける

●腕の力ではない

バッティングはバットでボールを受け止めて、そこから力でボールを運ぶようなイメージではない。表現は難しいが、バットを刀に見立てれば、ビュッと振り抜き、切っ先三寸でボールを両断するようなイメージがいい。先端部分を鋭く走らせ、力ではなく、そのスピードで打ち返す感じだ。

このヘッドを走らせるという感覚は、わかっているようでつかみにくい。また、理解していても、人間は負荷や力感を感じ、はじめ

しっかりトップをつくり、腕ではなく
下半身で振る意識を持つ

スイングすると、ゴムはバットに
遅れる形で振られる

て力を発揮している気分になるもの。特に腕でそれを感じたくなる。手ごたえを求める。すると、ヘッドを走らせることを忘れてしまう。

　そこで、わかりやすくその感覚を得るドリルだ。バットヘッドの部分にゴムチューブを巻きつけ、これを振って練習する。振ると、バットに遅れてくるゴムが、振り抜くと同時に一気に前に走る感覚がある。**ヘッドの走らせ方**

が感じられるはずだ。

ヘッドの先にゴムをつける。写真を参考にしてほしい

練習の基礎

下半身

方向性

スイング

上体

タイミング

バットを振り抜くと、遅れていたゴムが一気に前に走る。ゴムの先の移動距離に注目

腕の力に頼らず、先端を鋭く走らせる感覚を意識してほしい

76
脱力感のドリル

狙い

脱力の重要性を体感する

●腕で力むのが人間

　バッターは打ちたいと思うものだ。そして、ここに大きなポイントがある。そう思うから、力むのだ。そして、力むとどこに力が入るだろう。「手に汗握る」などの言葉でもそうだが、**緊張感があると、人間は自然に腕や手に力が入る**。これがバッティングの動作を阻害する。

　バッティングのキーポイントのひとつは、脱力感だと考えている。脱力したゼロの状態から、インパクトの一瞬に向かって力を爆発さ

前腕から上腕まで、ゆっくりとさすり続ける。できれば、両腕を5分ほどやった方がいい。そして、その後にスイングし、バットが軽く動き、コントロールしやすいことを感じる

せるのが大切だ。でも、最初から力が入っていては、それができない。入っている力は抜くしかないのだ。

私はこの脱力と入力のコントロールこそが、野球におけるセンスの中身だと思っている。正しくはセンスの中の最重要部分で、それは肋骨、背骨、前腕のゆるみ、脱力だ。

そこで、ここで紹介する脱力感を得るドリルをやってみてほしい。特に腕をゆっくりとさすり、そこからスイングして、バットが軽く動く感覚をつかんでほしい。

今日の名言

落合博満の脱力

私が見知った打者の中で、一番脱力感を体得していたのは、落合博満だと思う。上体のやわらかさがすばらしく、ゆるんだところから、インパクト前、その後へと力を強く使った。いい見逃し方をする打者は、しなやかでやわらかい。「これは打つ」と感じさせるもの。その最大の具現者がオチだったと私は思う。

腕につながる肩、肋骨あたりまでも緊張感が固さを生む場所

大きくゆっくり呼吸しながら、肩甲骨を上下し、脱力する

DRILL
77

インサイドアウトのドリル

狙い

合理的スイングを知る

●トップからのグリップの使い方

　ボールに対してグリップを身体の近くに出し、そのグリップを中心にバット全体が回転し打つ形がバッティングでは合理的。グリップを中心にヘッドが回転するので、鋭く振れるし、バットのコントロールもスムーズだ。自分の身体に近い<u>ボールの内側を叩き、そこから外に抜けていくようなイメージになるので、インサイドアウトのスイングと呼ばれる</u>。

インサイドアウト

トップの形から、グリップが身体の近くに出てくるのがインサイドアウトのスイング。
バットコントロールしやすいなど、利点が多い

これに対し、グリップを身体から離れるように出し、**ボールの外側を叩くイメージになるのが、アウトサイドインのスイング、もしくはアウトサイドスイングと呼ぶ**。回転の中心であるグリップごと動く感じになるので、ヘッドが走らず、ブル〜ンと間伸びした振りになる。安定してバットをコントロールすることが困難で、正確性、再現性に劣る。特にトップからのグリップの出し方に両者の差が出るので、これをチェックしてみてほしい。

内田メモ
江藤 智に課したのは？

高卒2年目にもかかわらず、江藤は一軍で長距離砲の資質を示した。だが、アマチュアのままのスイングは、まさにアウトサイドイン。ボールは遠くに飛ぶのだが、変な回転がかかるため、異様な軌道で曲がる。だから、彼には徹底してインサイドアウトのスイングを教え込んだ。ボールの回転がよくなり、さらに飛んだのだ。

アウトサイドイン

トップから身体の遠くへ離れるようにグリップが出るのがアウトサイドインのスイング。
スイングが鈍り、弊害も多い

ネット前に
スタンドを置くティー

狙い

インサイドアウトのスイングを身につける

●アマチュアとプロの差

　プロには毎年アマチュア球界の強打者が入団してくる。ドラフト下位であっても、アマチュアでは好成績だったはずで、強打者なのだ。だが、プロに来ると打てない。**私はその大きな理由にアウトサイドインのスイングがあると思う。**

　アマチュアでは、それでも打ててしまうのだ。なぜか？　ピッチャーがインコースを突けないからだ。だから、多少バットが遠回りしても、飛びぬけた資質で打ててしまう。でも、プロのピッチャー

アウトサイドのスイングになると、インパクトの前にネットに当たってしまう。ほんの少しの差で、こうなることを知ること

身体の近くにグリップを出すインサイドアウトのスイングで始動

はそこを突く。そして、打てなくなる。克服できない者は去る。

●インサイドアウトで打て

だから、私はアウトサイドインの軌道を改めるべきと説明する。それを理解し、練習し、習得した者は羽ばたいていく。

このネット前にスタンドを置くティーも、そのドリルの中のひとつだ。多くの若き選手たちが、これに向き合い、乗り越えていったことを知ってほしい。

本日メモ
鈴木誠也のドリル

鈴木誠也は素質十分の高卒選手としてカープにやってきた。だが、やはりアウトサイドからバットが出てくる。アマチュアではそれでも資質で打てたが、プロでは打てなくなる。だから、誠也には、ネットの前で振り続けることを課した。何がなんでも克服してほしかったからだ。その先にある未来が、今の彼の姿だ。

上手に振れれば、ネットに当たることなく、インパクトできる

振り抜きは大きくすることを意識。「後ろ小さく、前を大きく」

練習の基礎 ― 下半身 ― 方向性 ― スイング ― 上体 ― タイミング

身体の近くに投げる
ティーバッティング

狙い

ヒジ抜きを身につける

●窮屈なところでインプットする

同じテーマを練習するのであっても、同じことばかりやるのは苦痛だし、飽きるのが人間だ。そこで、形を変えたドリルで同じことを習熟することもいい。

ここで紹介するドリルも、アウトサイドインのスイングを矯正し、**インサイドアウトのスイングを身につけるためのもの**。

まず、投げ手は打者の前になる肩口下あたりにボールを出す。打者に近いところからボールを出すので、出したらすぐに避け、安全

打者の前になる肩口下あたりに
ボールを出す

打者は窮屈な姿勢でも、これを打つ。
ミスショットしてもいい

に注意すること。

　身体に近く、スイングするのがとても窮屈な場所だが、打者はこれを打つ。**アウトサイドのスイングでは、どうやっても打てないだろう。**身体の近くにグリップを出し、その中で後ろのヒジを前に抜く感覚をインプットする。おおむね、2球ほどでいいが、ミスショットしてもいい。インプットできればOKだ。

●鈴木誠也もやった練習

　そして、次は打ちやすいところにボールを出す。打者は、急にアウトサイドスイングに戻ることなく、インサイドアウトのスイングで打つだろう。バットコントロールしやすく、振り抜きがいいことも体感できるはずだ。

　プロでも、この練習はよくやった。鈴木誠也もその中のひとり。みんなもやってみてほしい。

次に先ほどよりも打ちやすいところに
ボールを出す

インサイドアウトのスイングで打ち返し、
振り抜きのよさを体感する

軽いバットを振る

狙い

スピードと振り抜きのよさを体感する

●スピードを感じる

　練習では試合と異なる道具を使うのも、変化があっていい刺激が得られる。軽いバットをスイングする練習も、そのひとつ。

　軽いバットの利点は、軽いからこそ、スピードが出る点だ。バットをコントロールしやすい点もあるだろう。そういうものを体感し、実際のバットを振ったときに生かすように意識する。

　ただし、コントロールしやすいからと腕に頼って振ると、スピードは遅くなる。下半身を使い、鋭く振り抜くことが大事。

軽く振りやすいからこそ、下半身の力で鋭く振ることを意識

スピード感、振り抜きのよさを身体にインプットする

DRILL
81
重いバットを振る

狙い

合理的なスイングを身につける

●重さを利用して振る

　重いバットは速く振ることはできない。では、それを振る意味は
どこにあるだろう？　そこで、普段使うバットも重いと考えてみる。
重いのだから、力を加えなければ、重力に引っぱられて落ちる。だ
から、グリップを始動するときは、力まずに斜め下に出せばいい。
重さを利用するのだ。でも、ヘッドを先に下げると、余計な重さを
感じる。コントロールもしにくい。そういうことを重いバットで理
解し、**合理的に振ることを学ぶわけだ。**

腕でバットを使うとさらに重く感じるもの。
合理的に振ることを意識

しっかり振り抜くこと。スイングで使う
筋肉も刺激されトレーニングにもなる

8の字スイング

狙い

腕の使い方、特に後ろのヒジ抜きを身につける

●横になった「8」の字を描く

腕や手首の使い方を身につけるのにいいのが8の字スイングだ。

まず、いつものようにバットを持って立つ。腕や身体に力が入っているのはよくないし、この練習もうまくいかない。脱力を意識すること。そのまま、斜め下にスイングし、そこで折り返して逆方向もスイングする。これを繰り返すと、**バットヘッドが横になった「8」の字に走るので、この名で呼ばれている。**

上手にやるには、ヒザを使ってリズミカルにやること。そして、

構えの位置から、斜め下に
スイングする

両ヒザを少し伸ばすように使い、
そのままバットを振り上げる

ここで習得すべき一番のポイントは、後ろのヒジの使い方と抜き方。そう、**インサイドアウトのドリルなのだ**。このヒジの動きを意識して、両方向ともに同じところを通すイメージで振るといい。

●手首で振るバージョンも

また、身体の前にグリップを構え、手首だけでバットを動かし、8の字を描く練習もある（8の字リスト）。力を入れる必要はなく、描く8の字も小さくていいが、ヒザを使い、この動きに連動するように上体をやわらかく使うことを意識する。

上体のやわらかさは、優れた打者に共通する資質だ。脱力を意識して、やってみてほしい。

ヒザを軽く曲げながら、逆方向に振り下ろす。ヒジの抜き方を意識する

また、バットを振り上げ、次の方向に振ることを繰り返す

DRILL

83

バスターバッティング

バットの軌道を身につける

●自然にインサイドアウトに

バスターはバントの構えからスイングに切り替え、ヒッティングする攻撃戦術であり、その技術。試合で使うこともあるので、それぞれに練習していることだろう。

だが、この技術には**通常のバッティング練習として、いい部分がある。それがバットの軌道**だ。

下の写真、バスターの構えからトップをつくる部分を見てほしい。これは、スイングするときのグリップの動きを逆戻しにした形にな

バントの構えから、
バスターに移行

グリップは無駄な動きをせずにトップの位置に
向かう、インサイドアウトの軌道の逆戻しだ

っている。

　すると、実際にスイングしたときも、その軌道に近い形でグリップが出やすくなる。インサイドアウトの形に自然となるのだ。

　そこで、考えてみてほしい。バントの構えからバスターをするとき、わざわざ、身体の遠くにグリップを持って行き、そこからトップに戻ってくることをするだろうか？　そんなことをしていたら、普通は振り遅れるので、誰もしないだろう。

　だが、**その非合理的なことをバッティングでやっているのが、アウトサイドインのスイングなのだ**。短い時間の中、わざわざ遅れるようなことをする必要はないだろう。

　アウトサイドインのスイングになりがちな打者こそ、バスターを練習してほしい。

バスターであっても、
必ずトップはつくること

スイングすると、戻ってきたときと同じ軌道で
グリップが出てくる。これがインサイドアウトの形

DRILL
84

チューブを使って
フォワードスイング

狙い

合理的なスイングの始動を体感する

●ヒジはどこに向かう？

　バットを振るのは合理的である方がいい。好きに振ってガンガン打てるのであればいいが、よく打つ打者でも半分以上失敗するのがバッティングだ。そして、**一番合理性に沿ってほしいのがトップから始動する部分**。これを理解できるドリルを紹介しよう。

　まず、ネットやその枠など、自分の背より高いところにゴムチューブを結ぶ。自分はその斜め下方向に位置し、スイングの始動の形

前の手

ヒジを身体に寄せる方向に使うと、チューブが強く引ける。この角度が合理的だ

ヒジを身体から離す方向に引くと、力がうまく入らず、苦しい形になる。アウトサイドスイングの形がこれだ

で前の手、後ろの手でそれぞれに引っぱる。ゴムチューブの引き戻す力は、バットの重さだと思ってほしい。

　前の手の場合、自分の身体に向けてヒジを斜め下に引っぱったときはうまく力が入るだろう。だが、ヒジを身体から離れた方向に引っぱろうとしても、うまく力が入らず、苦しいことがわかる。

　後ろの手の場合も同様で、ヒジを身体に引き寄せると力が入る。身体から離れたところに引こうとすると、こちらもうまくいかない。無理にやると、身体が開く。

　結論を言えば、**何かを引っぱるときには、人間はヒジを身体の方に絞る形になるものなのだ**。綱引きの形を考えれば、それはわかるだろう。これを体感し、合理的なスイングの始動を理解してくれればOKだ。ただ、このドリルはそこで使う筋肉のトレーニングにもなる。メニューの中に入れても、無駄になることはない。

後ろの手

後ろのヒジも同様で身体に向けて
動かした方が強く引ける

身体からヒジを離すと引くことが難しくなる。
そして、肩が開く方向に動いてしまう

ソフトボールを打つ

狙い

ボールへの入り方を習熟する

●ボールを大きくしてみよう

　ボールのどこを打つか、という問題は難しい。**科学的には、ボールの中心の少し下を打ち抜けば、理想的なトップスピン（ボールが浮き上がる方向に揚力が働く回転。投手のストレートに近いバックスピン）がかかるとされる**。だが、野球のボールは小さく、打ったバッターでさえ、ボールのどこを打ったのかは感覚的にしかわからない。そこで、ボールを大きくしてみよう、というアイデアが生まれる。野球のボールより、少し大きいのはソフトボールだ。

ティースタンドに印をつけたソフトボールを置く。角度は写真くらいがいい

ソフトボールに対してスイングするが、手で当てに行くと意味がない。下半身主導で打つ

これをティースタンドに置いて打つドリルが、ここで紹介するもの。感覚をつかみやすいように、ボールに印を入れて、それを打者側に向けた形で置くのがいいだろう。

実はまっすぐ打ち抜くと、ボールに回転がかからず、ナックル（無回転）ボールになる。回転が少ないと、ボールに揚力が生まれず、伸びない。何度も繰り返すうちに、**少し下を打ち抜き、回転を与える打ち方を体感できるのだ。**

> **内田メモ**
> ## 阿部慎之助の探求心
> あるとき、阿部が私に言ったことがある。「ボールへの入り方がうまくいってないんです」。そこで、「ソフトボールでも打ったらどうだ？」と私は言った。すると、彼はすぐにソフトボールを揃えてきて打つ。「内田さん、これはいい練習になりますね！」。彼を大打者にしたのは、この探求心だと私は思っている。

練習の基礎 — 下半身 — 方向性 — スイング — 上体 — タイミング

インサイドアウトのスイングで打つ感覚を持つこと。次に、ボールの回転を考える

真正面から打つと、無回転になってボールが伸びない。少し下を打つ感覚がいい

ゴルフボールを打つ

狙い

集中力を養いながら、振り抜きも体感する

●小さいから当てにくい

野球のボールより大きいソフトボールを打つと、どこを打つかで変わる回転が理解できた。ならば、より小さいゴルフボールを打つと、どうなるだろう?

まず、小さいから当てにくいことがある。だから、これを打つときは、より**シビアにバットをコントロールしなければならず、集中力が養われるだろう**。次にゴルフボールはよく飛ぶ。飛ばし屋ならば300ヤード(約274m)を打つ。野球のボールの倍以上飛ぶと考え

ティー台にゴルフボールを置いて打つ。
難易度を上げるならば、バットも細いものに

手で当てに行くと効果がない。
トップをつくり、下半身で狙う感覚で

ていい。それだけ、**振り抜けるのだ。**

そこで、ゴルフボールを打つ練習もやってみよう。集中力に特化するならば、写真のように細く軽いバットで打って難易度を高めるのもいいだろう。

ただし、ゴルフボールがよく飛ぶということは、それだけ速度も出て危険ということ。野球用のネットくらいは軽く破ってしまうので、ゴルフ用のネットを用意するか、軽いプラスチックボールにして、安全を確保してほしい。

> **内田メモ**
> ### 集中力を養え
> 小さな物を打つことは、集中力を養う。私なんかは小豆や大豆を打ったりもした。もちろん、当たるわけがないほど難しく、遊びのようなものなのだが、それでも打とうとするのがバッターだ。このゴルフボールを打つ練習も、鈴木誠也や松山竜平によくやらせた。もちろん、ここ一番で打ってほしいからだった。

ボールの重さがないので、インパクトでもしっかり振り抜ける。この感覚も意識する

打球のスピードはかなり速い。安全性を考慮して練習してほしい

DRILL

87

椅子に座ってスイング

（狙い）

両手の使い方を身につける

●回る椅子に座って

ときには、上半身と下半身を別にして、特化した練習もいいだろう。**本来、バッティングは下半身主導で上体が連動してくることが大事**なのだが、下半身の動きで、上体のポイントが見えにくくなっている可能性もある。そこでこの練習法だ。

左右に回転する椅子を用意し、そこに腰かけた状態でスイングする。回転する椅子でないと、余計なブレーキがかかってしまうので、これにしてほしい。

回転する椅子に腰かけ、
テイクバックする

腰と椅子の回転を使いながら、
後ろのヒジの抜き方を意識する

●後ろのヒジに注目

ポイントになるのは、両手の使い方だ。この両手はグリップと両ヒジ、両肩で、上から見ると五角形になっているのだが、腰と椅子の回転に乗って、それがある程度保たれながら出るもの。変に両ヒジが絞られたり、後ろのヒジだけが入ったりするとうまく振れない。もちろん、両ヒジを左右に張った形も振りにくいだろう。特に後ろのヒジを意識しながら、スムーズに出るところを探し、両手の使い方を習熟してほしい。

この練習は、下半身に故障などがあり、立って振れない状況の選手でもできる。もちろん、症状にもよるので、ドクターの了解は得るべきだが、何もできないよりは振れた方がいいだろう。

両腕がつくる五角形を確認しながら、
スイングする

下半身を使っていないので強く
できないが、最後まで振る

サンドバッグ打ち

狙い

ボールの押し込みをチェックする

●力の総合でヘッドを走らせる

　バッティングは下半身の力で打つことが正しいのだが、それは、腕や上体を意識すると、肝心の下半身が使えないからでもある。当然、下半身の先には腰も背筋も腕もあり、**これらの力の総合でバットヘッドを走らせ、最後に手で押し込んでいる**。

　そして、この力感を確認するためにやるのが、サンドバッグ打ちだ。ただし、ただやみくもにサンドバッグを叩くのでは、ただのストレス発散になる。しっかり、意味を持たせたい。

ただサンドバッグを打つのではなく、
位置関係を変えて試す

インパクト前のところで打つ。
ヒジや手首の形を確認する

●力感はあるか?

　そこで、サンドバッグとの位置関係を変える。ひとつは、**インパクトの手前**にサンドバッグを位置させる。次は**インパクト**の位置、最後は**インパクト後**のヘッドが出たあたりだ。

　この3か所で打ってみて、それぞれの場所で力をしっかり発揮できているかを確認する。

　もし、どこかで力感に欠けるならば、それは力が弱いのではなく、形が悪いからだ。特にヒジの位置や角度、手首の曲がり方などを確認し、力が発揮できる形を探す。インパクト後の場合は手首の返りが早い可能性もある。

　どこもかしこも力感がない場合は、本当に力が弱いのだろう。筋力トレーニングなどもがんばってほしい。

インパクトの場所で打つ。一番強く叩けるはずだが、そうなっているか?

インパクト後のところで打つ。手首の返りが早いと、力感は弱くなる

DRILL
89

オープンスタンスから
スイング

狙い

動いてタイミングをとる

●タイミングは教えられない

　タイミングはバッティングの中でも、もっとも重要と言えるのだが、そこには、大きな問題がある。**実は、根本的にタイミングは教えられないのだ。**

　もちろん、「イチ、二、サン」ではなく、「イチ、ニー、サン」と考え、「ニー」の伸ばす部分で間を合わせる、という指針は教えられる。変化球には、「イチ、ニーノ、サン」とさらに「ノ」を入れることで、遅い分の間をとることも、教えられる。

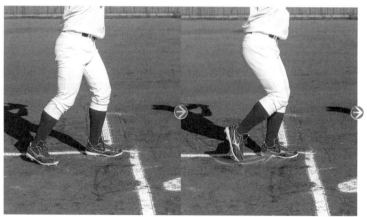

オープンスタンスで構える。
ここが、「イチ」の状態

投球に合わせて、足を動かしてテイクバック。
「ニィー〜」と、かなり長い間の中で同調する

だが、それがその選手の中で、どのように鳴っているかは、わからない。本人の身体の中での音であり、リズムなのだ。

ただし、演奏者が指揮者のタクトに合わせるように、こちらもどこかを動かせば、同調しやすくなるものだ。

●動かすことで合わせる

だから、タイミングがとれなくなった、うまくいかない、という選手には、**どこかを動かすことを提案している**。無駄な動きはない方がいいのだが、最重要ポイントがズレたままよりはいい。練習でつかんでくれれば、試合では大きく動かずに打てることもある。

そこで、最初に提案するのが、オープンスタンスからスイングすることで、足の動きでタイミングをとる方法。足を大きく動かすので、その中で合わせやすいのだ。

足を上げてトップに入る。まだ前コマの「ニィー〜」は続き、間合いをとる

トップからグリップが始動。ついに「サン」と振る。これだけ動きが長く大きいと合わせやすい

DRILL
90

ヒッチしてから スイング

狙い

腕でタイミングをつかむ

●タイミングがとりやすいヒッチ

　ヒッチというのは、スイングする前に一度グリップを下げる動作のこと。まあ、「どっこいしょ！」と手とバットを動かしてタイミングをとるようなもので、本来は不要の動きだ。でも、指揮者のタクトや太鼓のバチなど、手で何かを振る行為はタイミングをとるのに都合がいいのだろう。ヒッチをするバッターはプロの強打者にも、外国人の打者にもたくさんいる。もし、やめろと言えば、その選手のタイミングがおかしくなるはずなので、手は出せない。

構える。ここが「イチ」。ボールを出してもらうときは、緩いボールがいい

グリップを一度下げてヒザに当てる。「ニィー」と間を合わせる時間がスタート

　ただし、タイミングはとりやすくなるので、それができていない選手には、あえてやらせるのも方法だ。

●あえてヒッチする

　そこで、**あえてヒッチをすることで、タイミングをつかむ練習**を紹介しよう。前項目のオープンスタンスからのスイングは下半身でタイミングをとるもので、本来はこちらの方がいい。上半身の無駄は全体への影響が大きいのだ。だが、それでも、タイミングは重要。練習では大きな動きで、きっかけをつかむことも必要なのだ。

　とことんわかりやすくするために、構えてから、一度、グリップをヒザに当て、そこからトップをつくり、振るくらいがいい。打つボールもなるべく遅い球を出してもらい、長い時間の中で、タイミングを合わせるコツをつかんでほしい。

練習の基礎

下半身

方向性

スイング

上体

グリップを上げてトップをつくる。まだ、「ニィー〜」を続け、間合いを合わせる

「サン」でスイング。「イチ、ニー、サン」が合わなければ、ほかの掛け声でもいい

タイミング

165

DRILL
91

バックステップしてから
スイング

(狙い)

足のステップでタイミングをつくる

●バックステップの動きを入れる

　タイミングをつくる練習のときは、普遍性と汎用性を考え、「イチ、ニー、サン」と数字で説明しているが、こんなものは、実は何でもいい。「どっこいしょ」でも、「ア、ソーレ」でも好きなものを頭の中に浮かべてほしい。岡本和真には「彼女の名前でも言え」と言ったのだが、まだ若くて照れるだけだったので、私の妻の名前を叫ばせたことがある。**要するに、3つに分けられ、間に伸ばせるところがあれば、いいわけだ。**

通常よりも1歩投手側に軸足を置いて構える。この状態が「イチ」

投手のモーションに合わせて、軸足を後ろに下げる。「ニィー」がはじまる

●ステップワークで合わせる

さて、これもタイミングをつかむ練習で、今度は足のステップで合わせるものだ。ダンスでも、ボクシングでも、最初にやるのはステップワーク。これでつかめる選手も多いだろう。

まず、通常よりも1歩分前に構える。そこから、後ろの足をバックステップして通常の位置へ行き、そこからテイクバックして、トップをつくり、間を合わせる。

バックステップするという動きが入るので、この部分でリズムが生まれ合わせやすくなる。 もちろん、試合ではこんな動きはできないので、あくまで練習でコツをつかむためのものだ。

机などであれこれと考えても、タイミングだけはそうそう、つかめない。動いて、その中で見つけることだ。

「ニィー〜」と続く中、テイクバックしてトップをつくる

「サン」でスイング。ステップする動きと投手のモーションを合わせるのがカギ

DRILL
92

ベルトをゴムで引っぱる

反動を使うクセを矯正する

●勢いをつけたくなる打者に

　長距離打者というのは、飛ぶから、もっと飛ばしたくなる。そして、**どこかで勢いをつけ、反動を使いたくなる**。まあ、「えぇいっ！」とテイクバックして、「やあっ！」とステップして、「とおー！」と振るようなものだ。そんなバカみたいに勢いをつけては、当たれば飛ぶだろうが、当たるものも当たらなくなる。身体が上下左右にブレるからだ。そして、これが顕著だったのが、岡本和真だ。

　そこで、私が考えたのがこの練習方法。テイクバックで大きく身

テイクバックした形。反動を使う打者はひねりも大きい

勢いをつけてステップするから、その幅も大きくなる。これでは打てない

体にひねりを入れ、その勢いでステップするので、上体は突っ込まなくても、不必要にステップの幅が広くなる。仕方がないので、ベルトにゴムをつけて、後ろから引っぱったのだ。

ゴムでつながれているので、ある程度は動けるが、それ以上は行けなくなる。繰り返すうちに、余計な反動も減ってくる。ゴムの収縮する範囲内で、振れるようになる。

人間というのは、力を発揮しようとすれば、必ず、そこに予備動作が加わる。持っている以上のものを出そうとすれば、予備動作も大きくなる。それが、全体を崩すのだ。

内田メモ
岡本和真に課したもの

この練習方法で、岡本和真のクセは矯正した。そもそも、反動を使わなくても、彼には飛ばせる力があるのだ。だが、それだけでは真の4番になれない。私は二軍で彼を4番に据え、チームの勝敗を背負う役割であることを自覚させようとした。岡本に本当の意味で課したのは、ドリルではなく、4番の責任だったと思う。

ベルトにゴムをつけて、後ろから引っぱった状態でスイングさせる

引っぱられているため、大きくステップできない。繰り返すと、反動も小さくなる

ワンバウンドした ボールを打つ

狙い

ボールの軌道に合わせる感覚を養う

●ボールは弧を描いてくる

　速いボールというのは、弾丸か何かがまっすぐ飛んできているようにも感じてしまうのだが、実際はそんなことはない。人間が投げているのだから、**ある程度の弧を描いて落ちてきているのだ。**

　でも、そのイメージができていない、もしくは、できなくなると、タイミングを合わせるのは非常に困難になる。だからこそ、第2章で解説したボールの見方が大事になるのだが、見ることはできても、自分の身体側のリズムがなくなっていると、やはり、打てない。

投げ手は硬めの地面
にボールを当てて、
バウンドさせる。よ
くボールが跳ねる場
所がいい

そこで、山なりのボールに合わせることを練習する必要が出てくる。このワンバウンドしたボールを打つことも、そのひとつだ。

バウンドしたボールというのは、上がって、頂点に達し、落ちてくる。それ自体がリズムを持っているので、そこに同調できればいいわけだ。緩ければ緩いほど、合わせることも容易だろう。

●よくボールが跳ねる場所で

このティーバッティングは、ボールがしっかり跳ねた方がいいので、硬式球であれば、本来は屋内練習場などでやるのが効果的だ。軟式球の場合は、地面であっても、それなりに跳ねてくれるので、少年野球などには、いい練習になるだろう。ボールが弧を描いてくることを意識して、取り組んでほしい。

打者はボールが跳ね返り、上がって、さらに落ちてくる軌道をイメージし、それに合わせてスイングする

練習の基礎

下半身

方向性

スイング

上体

タイミング

DRILL
94

カーブマシンを打つ

狙い

間とやわらかさをつかむ

● 遅いからこそ練習になる

　前項目のワンバウンドしたボールを打つこともそうだが、弧を描くボールというのは、これに同調し、タイミングを合わせるのに向いている。軌道を予測しやすいし、そのため、目で追いやすいのだ。

　また、遅いボールは、多くの時間を打者に与えてくれる。その長い時間の中で、試合の中のスピードボールでは意識できないような部分を確認し、丁寧なスイングができる。

　だから、**優れた打者は緩く遅いボールを打つ練習を好む。**ゆっく

カーブマシンから緩いボールを出し、これを正対する形からバットコントロールで打ち返すのが落合流の練習法だった

りした時間の中で、スイングの正確性を確かめ、何度も繰り返すことで再現性を高めていくのだ。

特に落合博満と前田智徳という、**歴代打者の中でも傑出した技術を持つふたりが、同じように遅いボールを打っていた**ことは、印象深い。彼らはこれで、とことんまで再現性を高めていた。

落合博満の場合は、カーブマシンで恐ろしく遅いボールを打ち続けた。しかも、彼の場合はボールが出てくる方向に対し、身体を正対させて打っていたのだ。ボールが出てくると、やわらかく正確なスイングで狙った方向に打ち返すのだ。もちろん、打ち損じて身体にボールが当たることはない。

「こっちに当たらないか？」と見ている私が冗談めかして聞いても、「当たりませんよ」と笑って、黙々と打ち続けていた。

これが大打者の練習だ。真似してみるのもいいだろう。

内田メモ
落合博満の午後

キャンプでは、午前が全体練習で、その後が個人練習の時間だった。午後、練習用の屋内エアドームに入ってきたオチは、このマシンの練習を繰り返す。1球、1球丁寧に打ち、考え、20〜30分やると、あんパンを食いながら休憩する。彼は甘党だったのだ。結局、彼がドームから出たのは夕方5時ごろ。そこまでやるのだ。

内田メモ
前田智徳とルーティン

前田智徳は再現性を追い求めた打者だった。中心選手になると、自分でルーティンを決め、予定の各種スイングやティーバッティングが終わらない限り、打撃ゲージに入ることも嫌がった。そんな彼も、オチほど遅くはなかったが、緩い球を打つ練習を好んだ。同じコースは同じ方向に出て、同じ場所に球が転がっていたのをおぼえている。

DRILL

95

狙い

速いボールを打つ

速球に対して無駄を省く

●速球攻略の方法

　速いボールは目で追うことが難しい。さらに、普段やっている打撃の準備動作をさせてくれない。それだけの時間がない。だから、打ちにくいのだ。方法はふたつある。**ひとつは、準備動作を早くし、コンパクトにまとめること。もうひとつは、無駄を省くこと。**

　この後者を徹底的にやらせたのが、正田耕三という打者だったと思う（→P11）。マシンを手前に置き、速い球をとにかく打たせたのだ。もちろん、マシンでなくても、バッティングピッチャーに近くから投げてもらえば、同じ効果はある。特に短打型の打者ならば、これをやるのも手だろう。

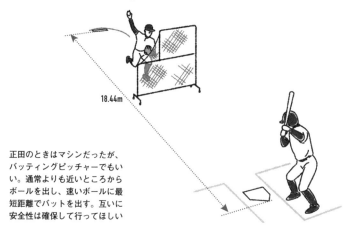

18.44m

正田のときはマシンだったが、バッティングピッチャーでもいい。通常よりも近いところからボールを出し、速いボールに最短距離でバットを出す。互いに安全性は確保して行ってほしい

DRILL 96

ブルペンでボールを見る

狙い

ピッチャーの生きたボールを見て、感じる

●目と第2の目で見てくる

第2章のボールの見方に関する項目でも触れたが、そもそも、打者にボールは見えていない。だから、初見のピッチャーにはプロでも戸惑うのだ。

だから、ボールを見に行くことがいい。時間があるならば、**打者はブルペンに足を運ぶべきなのだ**。そこで、ピッチャーのモーションを目で見て、さらに、軸足の内ももにある第2の目でも見る。すると、投手のモーション、ボールの軌道、タイミング、いろいろなものが見えて、脳にインプットされる。これが生きた情報になる。

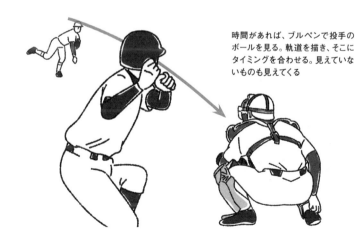

時間があれば、ブルペンで投手の
ボールを見る。軌道を描き、そこに
タイミングを合わせる。見えていな
いものも見えてくる

カカトを交互に
動かしてからスイング

狙い

リズムをつくってのスイングを体感する

●自分のリズムを先につくる

タイミングを合わせるという行為は、**まず、自分の中にリズムがある**。そして、そのリズムをどこかで相手側に同調させる。

たとえば、「1、2、3、1、2、3」と自分でリズムをつくりながら、相手の動きを見る。そして、どこかで、「イチ、ニー〜、サン」と「ニー〜」と伸ばした部分で相手に同調させる。おおむね、そんな感じだろうと思う。

つまりは、まず自分の中にリズムがないといけない。そこで、練

構えた状態でカカトを上げて
リズムを刻む

右の次は左、さらに右と、身体の中に
往復運動の揺れをつくる

習の場では、強引にリズムをつくってみるのもいい。

　ここで紹介するのは、足でリズムを作る方法だ。構えたところで、左右のカカトを上げて、リズムをつくる。「イチ、ニ、イチ、ニ」でもいいし、「タン、タン、タン、タン」でも何でもいい。まず、自分の中でリズムをつくる。そして、**ピッチャーの動きを見て、合わせていく。**そこで合わなくてもいい。最後のテイクバックするところで、「ニー〜」でも、「タ〜ン」でもいいが、間をつくって調整するのだ。これが合わせる秘訣だ。

コーチや練習相手の指示で足を上げ下げしてもいい。
自分のリズムと相手を同調させるコツをつかめる

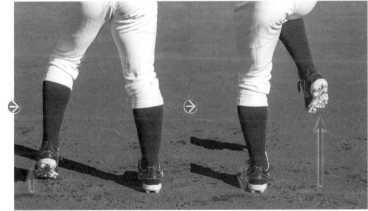

練習なので軸足のカカトも上げていい。
だんだん、**自分のリズムができる**

最後にピッチャーのモーションに合わせて足を
上げる。ここが間をつくって同調させるポイント

屈伸してからスイング

狙い

下半身を使い、割れを体感する

●タイミングと各部の動き

　バッティングは、リズムをつくり、その中でタイミングを合わせ、さらに、各部の動きを合理的にやっていくもの。だが、大きな流れと小さな動きの連動が難しいのも事実だ。

　特に下半身（前の足）はステップして動き、それでも上体は後ろに残った割れの状態は、流れの中で体感がしにくい形かもしれない。そこで、身体のリズムと動きの中に、これを入れたスイングをしてみよう。

構えた状態から、屈伸運動を
はじめる

大きくヒザを曲げ、重心を低く落とす。
この屈伸でタイミングをつくる

●割れの形を動きの中で

　まず、構えた状態から、一度ヒザを大きく曲げて重心を低くする。ここから、立ち上がると同時にテイクバックしてトップをつくる。このとき、**前の足が出て、上体が後ろに残った割れの状態になることが大事だ。**

　屈伸することによって、下半身が刺激された状態で、割れの形を体感できる。特に軸足の内ももに力がかかった状態を感じてほしい。この割れた形から、最後にスイングする。

　屈伸する動きが、自分の中のリズムにもなるので、タイミング、トップ、割れ、という一連の動きがひとつにまとまる。自分の中での各動作を連動させるつもりで、やってみてほしい。

前足はステップされ、上体は後ろに残った割れの形。軸足の内ももを意識する

最後にスイングする。一連の形を連動させる感覚をつかんでほしい

179

前に乗って
戻って打つティー

狙い 体重移動の意識づけからスイング

●シンプルな体重移動

バッティングはテイクバックで後ろに移動した体重を前に移し、それを回転運動に変える動き。**根本的には、前後の体重移動であり、振り子のような動きと言っていい。**

そこで、このシンプルな動きと、タイミングのとり方を合わせた練習が、前に乗って戻って打つティーだ。

まず、投げ手がボールを出すまでは、前の足に体重を乗せておく。次に、投げ手がテイクバックするタイミングで、後ろの足に体重を移動する。出されたボールを呼び込み、身体の近くに来たところでスイングし、前に体重が移る。**前、後ろ、前、という体重移動の流れの中で、ボールを打てる。**

●壁やインサイドアウトも意識して

ただし、その振り子の動きだけで打ったのでは、スイングと同時に前に突っ込んでしまい、このドリル99まで解説してきたことが無になってしまう。

前に体重は移動するが、それ以前に、軸足側の内ももでボールを呼び込むこと、前進する体重を前足、前の腰、肩のカベで受け止めること、ボールの内側を叩くインサイドアウトのスイングで打つこ

と、そんなことを意識してやってもらいたい。

　シンプルに考えること、深く掘り下げること、どちらもバッティングには必要なのだ。考えて、実践し、自分の形をつくってほしい。

前足側に体重を乗せて、ボールを待つ

テイクバックされる動きに合わせて軸足側に体重を移動する

出されたボールを呼び込んでスイングする。前に体重移動しているが、カベが受け止めている

振り抜き、やり抜くこと。それがキミを強くする

堂林翔太は飛躍できる

　堂林翔太は甲子園を大きく沸かせた選手として、カープにやってきた。高卒選手なのだから、じっくり育ってくれてよかったのだが、彼の資質はすばらしく、3年目には一軍レギュラーになってしまう。ただ、そうなると美点も未熟なところも一緒に披露することになる。特に守備では大きな苦労をし、それが焦りや重圧になってしまったと思う。

　結局、堂林は大きなスランプに落ち込んでしまった。でも、私は相手チームの指導者であり、何ができるわけでもない。

　だが、私がプロの指導者を勇退した翌年。堂林は鈴木誠也と自主トレを行うようになった。私にもたまに連絡をくれ、どん欲な彼はアドバイスも求めてくる。だから、言ってやる。

　「ただの逆方向じゃない。センターとライトの中間をねらえ」

　焦るからこそ、引っぱってしまうのだ。そこさえ変われば、大きなキャリアを築けるのが、彼のはずだ。

最終章

コーチングとは？

選手と指導者へ

選手を伸ばせる技術を持つ人、 それが指導者の姿

最後は、選手とは何をするものなのか、指導者は何をすべきなのか、

そんなことについて、少し長くはなるが、解説しておこうと思う。

これが、本書最後の、ドリル100番となる。

知っておいてほしいこと、心掛けてほしいことを、まとめてみたつもりだ。

処方箋を間違わない

本書は、私が選手として13年、指導者となって37年、結局、50年にもわたってプロ野球でやってきたことをまとめたものだ。ただし、それだけの長い時間、選手や自分と向き合ってきたものだから、その全部を伝えることは難しい。あくまで、その一部。もしくは、エッセンスだと思ってくれていい。

それでも、これだけの量になってしまう。

ただし、本書にあることを、片っ端から選手に伝えても、その選手が伸びてくれるわけではない。そりゃあ、そうだ。これは私が向き合ってきた何十、何百の選手に伝えたことだからだ。こんなこと、全部同じ相手に言うことはない。言えば、どうせ情報過多になって、その選手は、悩んで何もできなくなる。

だから、指導者は言葉を選ぶ。そこで処方箋を間違わないよう気に掛ける。ある選手には「腕を使うな」と言うが、別の選手には「腕を使え」とも言う。どちらもそれが必要だからだ。

それなのに、タイミングがおかしい打者に、「バットが上から出ているぞ」と見た目だけを伝えても意味がない。余計におかしくなるだろう。

そうなった理由を探し、「リズムをとって出やすいようにしようか」や、「早めにトップをつくろうか」などと、ワンポイントかツーポイントに絞って伝える。自分が言いたいことを言うのではない。選手に成長し、立ち直ってほしいから、言うのだ。

プロでも同じ。レギュラークラスならば、自分でできることはたくさんある。でも、打てなくなるときもある。そんなときは、少し

の言葉でいいはずなのだ。

「俺はお前を使い続けるよ」

監督がそう言えば、そのうちに選手は立ち直る。でも、それがないから、メンタルで崩れる。

指導者の言葉は、重要なのだ。

学んで、考えて、忘れよう

でも、選手の立場ならば、そうではない。本書どころか、ほかのいろいろな意見や理論も取り入れて学び、考えればいい。考えたことを練習で実践し、身につけ、試合に臨むのだ。

そして、バッターボックスのラインをまたいだ瞬間に、すべて忘れて、ただボールに向き合う。学んできたことを発揮できるように、脱力し、リラックスし、ボールに集中すれば、身体がおぼえたことを出してくれる。結果が悪ければ、また、考えればいい。

ただし、結果が長く出ないときもある。上手に切り替えられればいいが、できないときもある。頭で考えすぎの状態になり、自分でわからなくなる。

そんなときこそ、指導者に頼ってほしい。指導者側は技術的なポイントを絞ってもいいだろう。考えすぎを止めるだけでもいい。気持ちを少しだけ、前に向けるのでもいい。それが仕事なのだ。

旬をつかまえ、伸ばすには？

「そううまくはいかない」という人もいるだろう。もちろん、そうだ。指導者なんか、「どうして、こんな簡単なことができないのだ？」と悩むものなのだ。それがコーチだ。

考えて、練習で身につけ、打席ではすべて忘れる

　私は現役時代にケガも失敗も多かった。一所懸命指導してくれた中西太さんなどから見ても、「なんでだ？」という存在だっただろう。でも、それが実はスタディになったのだ。私の中に、失敗の引き出しがたくさんあるようになった。それがあるから、選手たちと向き合えた。

　現在は、一昔前と違って、指導者も困難な時代になった。昔のように上から押さえつけていては、パワハラの範疇になる。そして、今の選手には押さえつけたのでは響かない。

　ただし、それでも選手を進ませなければならないときもある。旬のような時期があるのだ。江藤 智も新井貴浩も阿部慎之助も、鈴木誠也も岡本和真もみんなそうだった。その時期に質以上に量が必要になる。やらせないと、進まない。

　でも、頭ごなしにやったのでは、今の選手は伸びないだろう。本人に「よし、やってやろう！」と思わせるしかない。結局はコミュ

ニケーションなのだろう。なかなかやらずに腹が立ったときも多いが、振り返れば、そこが大事だったと気づくのだ。

　そして、これを乗り越えると、選手が自分らしさを出せるようになる。自立し、自分で自分をコーチングできるようになるのだ。私の手から、飛び立ってくれるのだ。

選手の実績とコーチの力は別

　指導者なんていうものは、選手を商品にしてナンボの世界。これはプロでもアマでも一緒だ。少年野球であっても、指導者がボランティアであっても、選手はさまざまなものを負担している存在なのだ。ダメ出ししている場合じゃない。

　それなのに、できない選手に腹を立てる。ガツンと言って、心を遠くにしてしまう。だから、相手は聞いてくれない。

　選手は指導者と別の人格であり、個性なのだ。指導者ができたことができるわけではない。そして、指導者ができなかったことさえ、やる可能性がある。

　日本では選手としての実績が指導者への道を拓くことが多い。立派な実績は選手の関心を引くだろうから、やりやすさにはなる。でも、その実績とコーチの役割は、あまり関係がない。

　選手は技術を発揮する者であり、コーチはコーチングをする者。そして、監督はマネジメントをする者なのだ。役割が違うのだ。

根本があって、枝葉がある

　野球の技術には、根本や土台があって、枝葉がある。大きく育てば、いつか花が咲く。

乗り越えると、自分で自分をコーチングできるようになる

　だから、子どもの間は、野球が好きになってくれればいい。強い肉体の基礎でも、礼儀でもない。ガリ勉させて、東大に入れるわけではないのだ。

　アメリカではとにかく子どもに遊ばせる。「プレーボール（ボールで遊ぼう）！」の言葉、そのままだ。

　ピッチャーが上手に投げられず、ストライクが入らなければ、代わりにコーチが投げる。そして、打たせる。打ったボールを選手が捕り、アウトにできると、みんなで「ワーッ！」と盛り上がる。選手にプレーさせるのだ。

　ピッチャーがストライクを投げられないからと、フォアボールを狙い、相手のエラーで点をとるようなことは考えない。それでは、選手がプレーしていないからだ。

　こうして、最初に土台をつくる。野球が好きだ、楽しい、という気持ちだ。これがその後を支えてくれる。まだ、競争なんかいらな

い。苦しい練習も、厳しいドリルも必要ない。

継続し、その量が質になる

中学生や高校生になると、だんだんと選手が変わってくる。「知る」「わかる」「やる」「できる」というサイクルも可能になってくる。コーチは「知らせる」「わからせる」「やらせる」ことをし、できるようになった選手に、「できたな」と言ってやればいい。

高校や大学など、それぞれのカテゴリーで結果が出ているならばそれでいい。でも、そこからプロに進むと、いろいろと足りないものが出てくる。プロの投手は速いし、キレもコントロールもいいからだ。だが、慌てて何もかもを入れようとすると、わけがわからなくなる。だから、私のようなコーチが、整理してドリルを与えるわけだ。

それを紹介しているのが本書。

別にこれを全部やったら、バッティングが向上するわけではない。夏休みの宿題ドリルではないので、頭からケツまで、何から何までやる必要もない。

弱点やクセの矯正、スイングの強化や修正、そんな目的に沿って、練習の場で使うためのものだ。行動の指針だ。

だから、基本的には試合で使うものではない。バッティングの修正、矯正、強化などの引き出しを増やすためのものと考えてほしい。意識や感覚を得て、それを通常のスイングに生かすためのものだ。

何度も反復し、継続することで、その量が質になって、身についていく。無意識にできるようになる。

それが試合で出せるようになるのだ。

著者

内田順三 (うちだ・じゅんぞう)

1947年生まれ。静岡県出身。左投左打。東海大一高から駒澤大学へ進み、70年にドラフト8位でヤクルトへ入団。日ハムを経て、77年に広島へ移り、代打の切り札として活躍。82年の引退と同時にコーチに就任。以後、広島と巨人で交互に打撃コーチ、二軍監督などを務める。広島では正田耕三、金本知憲ら、巨人では松井秀喜や高橋由伸、阿部慎之助らの育成に携わった。2019年をもって、巨人コーチを勇退。2020年からはJR東日本の外部コーチを務める。著書に『二流が一流を育てる』(KADOKAWA) がある。

撮影モデル

佐藤拓也 (さとう・たくや)
1994年生まれ。右投左打。
浦和学院高-立教大-JR東。

糸野雄星 (いとの・ゆうせい)
1998年生まれ。右投右打。
明秀学園日立高-JR東。

撮影協力

JR東日本野球部

プロの選手だけに教えてきた
バッティングドリル100

2021年3月19日　初版発行

著者／内田 順三

発行者／青柳 昌行

発行／株式会社KADOKAWA
〒102-8177　東京都千代田区富士見2-13-3
電話 0570-002-301(ナビダイヤル)

印刷所／凸版印刷株式会社

本書の無断複製（コピー、スキャン、デジタル化等）並びに
無断複製物の譲渡及び配信は、著作権法上での例外を除き禁じられています。
また、本書を代行業者などの第三者に依頼して複製する行為は、
たとえ個人や家庭内での利用であっても一切認められておりません。

●お問い合わせ
https://www.kadokawa.co.jp/（「お問い合わせ」へお進みください）
※内容によっては、お答えできない場合があります。
※サポートは日本国内のみとさせていただきます。
※Japanese text only

定価はカバーに表示してあります。

©Junzo Uchida 2021　Printed in Japan
ISBN 978-4-04-605141-7　C0075